신약 8

야고보서-요한계시록

JAMES-REVELATION

하나님의 말씀과 기도로
거룩하여 짐이라
(딤전 4:5)

의 손글씨

시작한 날 . . .

마친 날 . . .

MISSION TORCH

야고보서 JAMES

≡ 서론

이 책은 하나님의 백성들이 어떻게 살아야 하며, 다른 사람을 어떻게 대해야 하는지에 관한 짧은 교훈으로 가득 차 있다. 본서의 가장 큰 주제는 살아있는 신앙이다. 살아있는 신앙은 행함이 뒤따른다. "행함이 없는 믿음은 그 자체가 죽은 것이라"(2:17, 26). 살아있는 신앙은 말씀대로 행하는 믿음이다. 그것은 '부자를 가난한 자보다 더 우대하는 것과 같이 차별대우하지 말라, 어려움에 처한 형제를 말로만이 아니라 물질로 도와주라, 사람을 불사르는 입을 다스리라, 하늘에서 온 지혜로 화평을 이루라, 세상과 벗하지 말라, 비방하지 말라, 부자라면 사치하지 말고 재물을 가난한 자를 돕는 데 사용하라'등이다.

믿음의 시험(1:1-18)	**산 믿음의 특징(1:19-5:6)**	**믿음의 승리(5:7-20)**
시험의 목적(1:1-12) 유혹의 근원(1:13-18)	산 믿음을 보이라(1:19-2:26) 입을 다스리라(3:1-5:6)	인내하라(5:7-12) 기도하라(5:13-20)

≡ 개요

인사	1장	1절	말에 실수가 없도록 하라	3장	1-12절
믿음과 지혜	1장	2-8절	위로부터 난 지혜	3장	13-18절
낮은 형제, 부한 자	1장	9-11절	세상과 벗하지 말라	4장	1-10절
시험에 견디어 낸 자	1장	12-18절	서로 비방하지 말라	4장	11-12절
말씀을 들음과 행함	1장	19-27절	허탄한 생각을 경고하다	4장	13-17절
차별하여 대하지 말라	2장	1-13절	부한 자에게 주는 경고	5장	1-6절
행함이 없는 믿음은 죽은 것	2장	14-26절	인내와 기도	5장	7-20절

베드로전서 1 PETER

≡ 서론

베드로는 그리스도인들에게 구원의 산 소망을 가지고 있음을 상기시키며, 그리스도를 따르는 자로서 거룩한 생활을 하라고 권면한다. 그 가운데 세상의 제도와 권위와 가정의 문제를 해결하는 방법을 제시한다. 그러나 이에는 필연적으로 고난이 뒤따르게 된다. 그 고난은 구원의 소망을 품은 그리스도인들에게 축복의 기회이며, 그리스도의 고난에 참여하는 것이기에 고난 속에서도 하나님을 굳게 신뢰하라고 권면한다.

구원받은 그리스도인의 삶(1:1-3:12)	그리스도인의 고난(3:13-5:14)
구원의 산 소망(1:1-12) 거룩한 생활을 하라(1:13-2:12) 제도와 권위에 대한 교훈(2:13-17) 가정에 대한 교훈(2:18-3:12)	고난의 축복(3:13-4:11) 그리스도의 고난에의 참여(4:12-19) 양떼의 본이 되라(5:1-5) 하나님을 굳게 믿으라(5:6-14)

≡ 개요

인사	1장	1-2절	아내와 남편	3장	1-7절
산 소망	1장	3-12절	선을 위한 고난	3장	8-22절
모든 행실에 거룩한 자가 되라	1장	13-25절	하나님의 은혜를 맡은 선한 청지기	4장	1-11절
산 돌과 하나님의 백성	2장	1-10절	그리스도인이 받을 고난	4장	12-19절
하나님의 종과 같이 하라	2장	11-17절	하나님의 양 무리를 치라	5장	1-11절
그리스도의 고난	2장	18-25절	끝 인사	5장	12-14절

베드로후서 2 PETER

≡ 서론

세상 떠날 날을 얼마 남기지 않은 베드로는 마치 유언처럼 간절한 마음으로 권면한다. 그리스도인에게 가장 중요한 것은 생명을 받은 자로서 신성한 성품에 참여하는 것이며, 그리스도의 영광을 온전히 바라보는 것이다. 그리스도인들이 신성한 성품에 참여하는 삶을 살아갈 때 거짓 교사의 유혹에 직면하게 된다. 하지만 그들은 구약의 예에서 알 수 있듯이 멸망당하게 되어 있다. 말세를 살아가는 그리스도인은 거짓 교사에 현혹되지 말고 오직 순전한 믿음으로 그리스도의 재림을 사모해야 한다.

그리스도인의 성품(1:1-21)	거짓 교사에 대한 경고(2:1-22)	재림에 대한 교훈(3:1-18)
신성한 성품에 참여하라(1:1-11) 약속을 확신하라(1:12-18) 예언에 주의하라(1:19-21)	거짓 교사의 출현 예고(2:1-3) 구약의 본보기(2:4-9) 거짓 교사의 실체(2:10-22)	부정하는 자에 대한 대답(3:1-10) 재림을 사모하라(3:11-15) 마지막 경고와 송영(3:16-18)

≡ 개요

부르심과 택하심	1장	1-11절	거짓 선지자들과 거짓 선생들	2장	1-22절
그리스도의 영광과 성경의 예언	1장	12-21절	하나님의 날	3장	1-18절

요한1서 1 JOHN

≡ 서론

요한이 이 서신을 쓴 목적은 사귐을 통해 기쁨이 충만하게 하는 데 있다. "우리의 사귐은 아버지와 그의 아들 예수 그리스도와 더불어 누림이라 우리가 이것을 씀은 우리의 기쁨이 충만하게 하려 함이라"(1:3-4). 빛이시며 사랑이신 하나님과 아들 예수 그리스도와 사귀는 자들은 빛 가운데 행하여야 하며, 중보하시는 그리스도께 나아가야 하며, 행함과 진실함으로 서로 사랑해야 한다.

사귐의 기초(1:1-3:10)	사귐의 행위(3:11-5:21)
생명의 말씀과의 사귐(1:1-4) 빛 가운데 행함과 대언자(1:5-2:6) 옛 계명과 새 계명(2:7-17) 적그리스도와 하나님의 자녀(2:18-3:10)	행함과 진실함으로 사랑하라(3:11-24) 적그리스도의 영을 분별하라(4:1-6) 서로 사랑하라(4:7-21) 세상을 이기고 영생을 소유하리라(5:1-21)

≡ 개요

생명의 말씀	1장	1-4절	행함과 진실함으로 사랑하자	3장	13-24절
하나님은 빛이시다	1장	5-10절	하나님의 영과 적그리스도의 영	4장	1-6절
대언자이신 예수 그리스도	2장	1-6절	하나님은 사랑이시다	4장	7-21절
옛 계명과 새 계명	2장	7-17절	세상을 이기는 믿음	5장	1-12절
적그리스도와 하나님의 자녀	2-3장	18-3장 12절	영생을 알게 하려 함이라	5장	13-21절

요한2서 2 JOHN

≡ 서론

요한은 그리스도인들이 신앙을 지켜갈 수 있도록 권면할 뿐만 아니라 미혹하는 자, 곧 거짓 교사에 대해서 경고하여 대비하게 한다. 신앙의 권면은 그리스도인들이 계명대로 진리 가운데 거하며, 계명을 행하라는 것이다. 그 계명은"서로 사랑하자"(1:5)이다. 또한 요한이 경고하는 미혹하는 자는 육신으로 오신 그리스도를 부정하는 자들이다. 그들은 예수 그리스도께 대적하는 적그리스도이다. 그러기에 요한은 그들과 상종하지도 말라고 강하게 경고한다. "그를 집에 들이지도 말고 인사도 하지 말라"(1:10).

계명 가운데 거하라(1:1-6)	거짓 교사와 함께하지 말라(1:7-13)
인사(1:1-3) 진리 안에 거하라(1:4) 서로 사랑하라(1:5-6)	미혹하는 자의 정체(1:7-9) 미혹하는 자와 함께하지 말라(1:10-11) 마지막 인사(1:12-13)

≡ 개요

인사	1장	1-3절	끝 인사	1장	12-13절
진리와 사랑	1장	4-11절			

요한3서 3 JOHN

≡ 서론

요한은 두 인물, 곧 가이오와 디오드레베를 언급한다. 먼저 요한은 그리스도인이 따라야 할 모범인 가이오를 칭찬한다. 요한이 가이오를 칭찬한 내용은 두 가지이다. 첫째는 진리 안에서 행하며 증언한다는 것이다. 둘째는 복음 증거자들을 환대하며 영접했다는 것이다. 반면에 요한은 가이오와 반대되는 사례로 디오드레베를 제시하며 정죄한다. 디오드레베의 잘못은 교만해서 복음 증거자들을 영접하지도 않았다는 것이다. 요한은 이 두 사람의 모범을 따라 악한 것을 본받지 말고 선한 것을 본받으라고 권면한다.

가이오에 대한 칭찬(1:1-8)	디오드레베에 대한 정죄(1:9-15)
인사(1:1) 가이오의 경건한 삶(1:2-4) 가이오의 환대(1:5-8)	디오드레베의 환대 거부(1:9-10) 선한 것을 본받으라(1:11-12) 마지막 인사(1:13-15)

≡ 개요

인사	1장	1-4절	끝 인사	1장	13-15절
영접함과 내쫓음	1장	5-12절			

유다서 JUDE

≡ 서론

유다서의 주요 주제는 거짓 교사이다. 이들은 그리스도인들을 미혹해서 진리에서 떠나게 하며, 예수 그리스도를 부정하는 자들이다. 유다는 이들의 결말에 대해서 구약에 나타난 예들을 제시한다. 이러한 예는 미혹하는 거짓 교사들의 종말을 보여줌으로 경건한 그리스도인들이 가야 할 길이 어디인지를 강변한다. 즉 경건한 자들은 말씀을 변개한 거짓 교사의 본을 따르지 말고, 사도들이 전한 말씀을 기억하고, 그리스도의 긍휼을 소망하면서 사도들이 전한 말씀을 따라가며, 믿음이 약한 자들을 긍휼히 여겨야 한다는 것이다.

거짓 교사에 대한 교훈(1:1-16)	거짓 교사에 대한 경계 변론(1:17-25)
인사(1:1-2) 거짓 교사의 정체(1:3-4) 멸망한 거짓 교사의 예(1:5-16)	사도들이 전한 말씀을 기억하라(1:17-21) 의심하는 자를 긍휼히 여기라(1:22-23) 송영(1:24-25)

≡ 개요

인사	1장	1-2절	훈계와 권면	1장	17-23절
거짓 교사들에게 내릴 심판	1장	3-16절	축복	1장	24-25절

요한계시록 REVELATION

≡ 서론

이 책은 예수 그리스도의 계시이다(1:1). '계시'는 숨겨진 것이 밝히 드러나는 것을 말한다. 그러기에 요한에게 주어진 예수 그리스도의 계시는 지상의 교회에서 천상의 교회로 이어지는 세상 역사 속에 담겨 있는 하나님의 구속 계획과 세상 종말의 역사를 그리스도인들에게 밝히 드러내는 것이다.

지상 교회(1:1-3:22)	세상의 환난과 교회(4:1-20:3)	천상 교회(20:4-22:21)
예수 그리스도의 계시(1:1-8) 교회를 주관하시는 그리스도(1:9-20) 소아시아의 일곱 교회(2:1-3:22)	하나님과 일곱 봉인(4:1-8:1) 성도의 기도와 일곱 나팔(8:2-11:18) 교회의 구원과 일곱 표적(11:19-15:4) 증거 장막과 일곱 대접(15:5-16:21) 세상 심판과 일곱 재앙(17:1-20:3)	그리스도와 교회(20:4-6) 사탄의 패배(20:7-10) 새 하늘과 새 땅으로(20:11-22:21)

≡ 개요

표제와 인사	1장	1-8절
그리스도의 명령	1장	9-20절
에베소 교회에 보내는 말씀	2장	1-7절
서머나 교회에 보내는 말씀	2장	8-11절
버가모 교회에 보내는 말씀	2장	12-17절
두아디라 교회에 보내는 말씀	2장	18-29절
사데 교회에 보내는 말씀	3장	1-6절
빌라델비아 교회에 보내는 말씀	3장	7-13절
라오디게아 교회에 보내는 말씀	3장	14-22절
하늘의 예배	4장	1-11절
책과 어린 양	5장	1-14절
일곱 봉인에 담긴 심판	6장	1-17절
인치심을 받은 십사만 사천 명	7장	1-4절
각 나라에서 온 무리	7장	5-17절
일곱째 봉인과 금 향로	8장	1-5절
나팔 소리	8-9장	6-9장 21절
천사와 작은 책	10장	1-11절
두 증인	11장	1-14절
일곱째 나팔 소리	11장	15-19절
여자와 용	12장	1-17절
짐승 두 마리	13장	1-18절
십사만 사천 명이 부르는 노래	14장	1-5절
세 천사가 전하는 말	14장	6-13절
마지막 수확	14장	14-16절
마지막 재난을 가지고 온 천사	14-15장	17-15장 8절
진노의 일곱 대접	16장	1-21절
큰 음녀에게 내릴 심판	17장	1-18절
바벨론의 패망	18장	1-24절
어린 양의 혼인 잔치	19장	1-10절
백마를 탄 자	19장	11-21절
천 년 왕국	20장	1-6절
사탄의 패망	20장	7-10절
크고 흰 보좌에서 심판을 내리시다	20장	11-15절
새 하늘과 새 땅	21장	1-8절
새 예루살렘	21-22장	9-22장 5절
주 예수여 오시옵소서	22장	6-21절

▶ 공동체 성경쓰기 운동_ 써바이블

"써(Write) 바이블(Bible)"은 공동체 성경쓰기의 타이틀로, 우리의 생존(Survival)에 성경이 가장 소중하다는 의미를 담고 있으며, 가장 기본인 말씀으로 돌아가기를 시작하자는 손글씨성경쓰기 운동입니다.

손글씨 성경_ 읽고, 쓰고, 마음판에 새기다

기독교는 말씀의 종교라고 합니다. 그것은 하나님께서 주신 '말씀'(성경)으로부터 모든 역사를 이루어 왔기 때문입니다. 따라서 모든 그리스도인들은 하나님께서 주신 말씀을 읽고, 묵상하고, 다시 적용하는 '신앙인의 삶'을 가장 우선순위에 둡니다. 말씀을 읽지 않고 하나님을 예배할 수 없고, 말씀을 묵상하지 않고 하나님의 계획을 알 수 없고, 말씀을 적용하지 않고 성화될 수 없기 때문입니다. 성경을 읽고 마음판에 새기기 위하여 쓰기의 중요성과 필요성은 아무리 강조해도 지나치지 않습니다.

▶ 성경읽기와 쓰기의 중요성과 필요성

① 성경은 하나님의 말씀이며 하나님의 계획을 담고 있기에, 읽고 쓰고 마음판에 새겨야 합니다.
② 성경은 우리를 향한 하나님의 사랑의 표현이기 때문에, 읽고 쓰고 마음판에 새겨야 합니다.
③ 성경은 우리를 구속하기 위한 하나님의 은혜이기 때문에, 읽고 쓰고 마음판에 새겨야 합니다.
④ 성경은 우리를 진리로 인도하기 때문에, 읽고 쓰고 마음판에 새겨야 합니다.
⑤ 성경을 읽고 쓰는 것은 모든 그리스도인들에게 선택이 아닌 필수입니다.

"이 율법책을 네 입에서 떠나지 말게 하며
주야로 그것을 묵상하여 그 안에 기록된 대로 다 지켜 행하라
그리하면 네 길이 평탄하게 될 것이며 네가 형통하리라"
(수 1:8)

야고보서 James

인사

인사

1 하나님과 주 예수 그리스도의 종 야
고보는 흩어져 있는 열두 지파에게
문안하노라

믿음과 지혜

믿음과 지혜

2 내 형제들아 너희가 여러 가지 시험
을 당하거든 온전히 기쁘게 여기라

3 이는 너희 믿음의 시련이 인내를 만
들어 내는 줄 너희가 앎이라

4 인내를 온전히 이루라 이는 너희로
온전하고 구비하여 조금도 부족함이 없
게 하려 함이라

5 너희 중에 누구든지 지혜가 부족하
거든 모든 사람에게 후히 주시고 꾸짖지
아니하시는 하나님께 구하라 그리하면
주시리라

6 오직 믿음으로 구하고 조금도 의심
하지 말라 의심하는 자는 마치 바람에
밀려 요동하는 바다 물결 같으니

7 이런 사람은 무엇이든지 주께 얻기
를 생각하지 말라

8 두 마음을 품어 모든 일에 정함이 없
는 자로다

낮은 형제, 부한 자

낮은 형제, 부한 자

9 낮은 형제는 자기의 높음을 자랑하
고

10 부한 자는 자기의 낮아짐을 자랑할
지니 이는 그가 풀의 꽃과 같이 지나감
이라

11 해가 돋고 뜨거운 바람이 불어 풀을
말리면 꽃이 떨어져 그 모양의 아름다움
이 없어지나니 부한 자도 그 행하는 일
에 이와 같이 쇠잔하리라

시험에 견디어 낸 자

12 시험을 참는 자는 복이 있나니 이는
시련을 견디어 낸 자가 주께서 자기를
사랑하는 자들에게 약속하신 생명의 면
류관을 얻을 것이기 때문이라

13 사람이 시험을 받을 때에 내가 하나
님께 시험을 받는다 하지 말지니 하나님
은 악에게 시험을 받지도 아니하시고 친
히 아무도 시험하지 아니하시느니라

14 오직 각 사람이 시험을 받는 것은 자
기 욕심에 끌려 미혹됨이니

15 욕심이 잉태한즉 죄를 낳고 죄가 장
성한즉 사망을 낳느니라

16 내 사랑하는 형제들아 속지 말라

17 온갖 좋은 은사와 온전한 선물이 다
위로부터 빛들의 아버지께로부터 내려
오나니 그는 변함도 없으시고 회전하는
그림자도 없으시니라

18 그가 그 피조물 중에 우리로 한 첫 열
매가 되게 하시려고 자기의 뜻을 따라
진리의 말씀으로 우리를 낳으셨느니라

말씀을 들음과 행함

19 내 사랑하는 형제들아 너희가 알지니
사람마다 듣기는 속히 하고 말하기는 더디
하며 성내기도 더디 하라

20 사람이 성내는 것이 하나님의 의를
이루지 못함이라

21 그러므로 모든 더러운 것과 넘치는
악을 내버리고 너희 영혼을 능히 구원할
바 마음에 심어진 말씀을 온유함으로 받
으라

22 너희는 말씀을 행하는 자가 되고 듣기
만 하여 자신을 속이는 자가 되지 말라

23 누구든지 말씀을 듣고 행하지 아니
하면 그는 거울로 자기의 생긴 얼굴을
보는 사람과 같아서

시험에 견디어 낸 자

말씀을 들음과 행함

24 제 자신을 보고 가서 그 모습이 어떠
했는지를 곧 잊어버리거니와

25 자유롭게 하는 온전한 율법을 들여
다보고 있는 자는 듣고 잊어버리는 자가
아니요 실천하는 자니 이 사람은 그 행
하는 일에 복을 받으리라

26 누구든지 스스로 경건하다 생각하며
자기 혀를 재갈 물리지 아니하고 자기
마음을 속이면 이 사람의 경건은 헛것이
라

27 하나님 아버지 앞에서 정결하고 더
러움이 없는 경건은 곧 고아와 과부를
그 환난중에 돌보고 또 자기를 지켜 세
속에 물들지 아니하는 그것이니라

차별하여 대하지 말라

차별하여 대하지 말라

2 내 형제들아 영광의 주 곧 우리 주
예수 그리스도에 대한 믿음을 너희
가 가졌으니 사람을 차별하여 대하지 말
라

2 만일 너희 회당에 금 가락지를 끼고
아름다운 옷을 입은 사람이 들어오고 또
남루한 옷을 입은 가난한 사람이 들어올
때에

3 너희가 아름다운 옷을 입은 자를 눈
여겨 보고 말하되 여기 좋은 자리에 앉
으소서 하고 또 가난한 자에게 말하되
너는 거기 서 있든지 내 발등상 아래에
앉으라 하면

4 너희끼리 서로 차별하며 악한 생각으
로 판단하는 자가 되는 것이 아니냐

5 내 사랑하는 형제들아 들을지어다
하나님이 세상에서 가난한 자를 택하사
믿음에 부요하게 하시고 또 자기를 사랑
하는 자들에게 약속하신 나라를 상속으
로 받게 하지 아니하셨느냐

6 너희는 도리어 가난한 자를 업신여
겼도다 부자는 너희를 억압하며 법정으
로 끌고 가지 아니하느냐

7 그들은 너희에게 대하여 일컫는 바 그
아름다운 이름을 비방하지 아니하느냐

8 너희가 만일 성경에 기록된 대로 네
이웃 사랑하기를 네 몸과 같이 하라 하
신 최고의 법을 지키면 잘하는 것이거니
와

9 만일 너희가 사람을 차별하여 대하
면 죄를 짓는 것이니 율법이 너희를 범
법자로 정죄하리라

10 누구든지 온 율법을 지키다가 그 하
나를 범하면 모두 범한 자가 되나니

11 간음하지 말라 하신 이가 또한 살인
하지 말라 하셨은즉 네가 비록 간음하지
아니하여도 살인하면 율법을 범한 자가
되느니라

12 너희는 자유의 율법대로 심판 받을
자처럼 말도 하고 행하기도 하라

13 긍휼을 행하지 아니하는 자에게는
긍휼 없는 심판이 있으리라 긍휼은 심판
을 이기고 자랑하느니라

행함이 없는 믿음은 죽은 것

14 내 형제들아 만일 사람이 믿음이 있
노라 하고 행함이 없으면 무슨 유익이
있으리요 그 믿음이 능히 자기를 구원하
겠느냐

15 만일 형제나 자매가 헐벗고 일용할
양식이 없는데

16 너희 중에 누구든지 그에게 이르되
평안히 가라, 덥게 하라, 배부르게 하라
하며 그 몸에 쓸 것을 주지 아니하면 무
슨 유익이 있으리요

17 이와 같이 행함이 없는 믿음은 그 자
체가 죽은 것이라

18 어떤 사람은 말하기를 너는 믿음이
있고 나는 행함이 있으니 행함이 없는
네 믿음을 내게 보이라 나는 행함으로
내 믿음을 네게 보이리라 하리라

행함이 없는 믿음은 죽은 것

19 네가 하나님은 한 분이신 줄을 믿느
냐 잘하는도다 귀신들도 믿고 떠느니라

20 아아 허탄한 사람아 행함이 없는 믿
음이 헛것인 줄을 알고자 하느냐

21 우리 조상 아브라함이 그 아들 이삭
을 제단에 바칠 때에 행함으로 의롭다
하심을 받은 것이 아니냐

22 네가 보거니와 믿음이 그의 행함과
함께 일하고 행함으로 믿음이 온전하게
되었느니라

23 이에 성경에 이른 바 아브라함이 하
나님을 믿으니 이것을 의로 여기셨다는
말씀이 이루어졌고 그는 하나님의 벗이
라 칭함을 받았나니

24 이로 보건대 사람이 행함으로 의롭
다 하심을 받고 믿음으로만은 아니니라

25 또 이와 같이 기생 라합이 사자들을
접대하여 다른 길로 나가게 할 때에 행
함으로 의롭다 하심을 받은 것이 아니냐

26 영혼 없는 몸이 죽은 것 같이 행함이
없는 믿음은 죽은 것이니라

말에 실수가 없도록 하라

3 내 형제들아 너희는 선생된 우리가
더 큰 심판을 받을 줄 알고 선생이
많이 되지 말라

2 우리가 다 실수가 많으니 만일 말에
실수가 없는 자라면 곧 온전한 사람이라
능히 온 몸도 굴레 씌우리라

3 우리가 말들의 입에 재갈 물리는 것
은 우리에게 순종하게 하려고 그 온 몸
을 제어하는 것이라

4 또 배를 보라 그렇게 크고 광풍에 밀
려가는 것들을 지극히 작은 키로써 사공
의 뜻대로 운행하나니

5 이와 같이 혀도 작은 지체로되 큰 것
을 자랑하도다 보라 얼마나 작은 불이
얼마나 많은 나무를 태우는가

말에 실수가 없도록 하라

6 혀는 곧 불이요 불의의 세계라 혀는
우리 지체 중에서 온 몸을 더럽히고 삶
의 수레바퀴를 불사르나니 그 사르는 것
이 지옥 불에서 나느니라

7 여러 종류의 짐승과 새와 벌레와 바
다의 생물은 다 사람이 길들일 수 있고
길들여 왔거니와

8 혀는 능히 길들일 사람이 없나니 쉬
지 아니하는 악이요 죽이는 독이 가득한
것이라

9 이것으로 우리가 주 아버지를 찬송
하고 또 이것으로 하나님의 형상대로 지
음을 받은 사람을 저주하나니

10 한 입에서 찬송과 저주가 나오는도다
내 형제들아 이것이 마땅하지 아니하니라

11 샘이 한 구멍으로 어찌 단 물과 쓴 물
을 내겠느냐

12 내 형제들아 어찌 무화과나무가 감
람 열매를, 포도나무가 무화과를 맺겠느
냐 이와 같이 짠 물이 단 물을 내지 못하
느니라

위로부터 난 지혜

13 너희 중에 지혜와 총명이 있는 자가
누구냐 그는 선행으로 말미암아 지혜의
온유함으로 그 행함을 보일지니라

14 그러나 너희 마음 속에 독한 시기와
다툼이 있으면 자랑하지 말라 진리를 거
슬러 거짓말하지 말라

15 이러한 지혜는 위로부터 내려온 것
이 아니요 땅 위의 것이요 정욕의 것이
요 귀신의 것이니

16 시기와 다툼이 있는 곳에는 혼란과
모든 악한 일이 있음이라

17 오직 위로부터 난 지혜는 첫째 성결
하고 다음에 화평하고 관용하고 양순하
며 긍휼과 선한 열매가 가득하고 편견과
거짓이 없나니

위로부터 난 지혜

18 화평하게 하는 자들은 화평으로 심
어 의의 열매를 거두느니라

세상과 벗하지 말라

4 너희 중에 싸움이 어디로부터 다툼
이 어디로부터 나느냐 너희 지체 중
에서 싸우는 정욕으로부터 나는 것이 아
니냐

2 너희는 욕심을 내어도 얻지 못하여
살인하며 시기하여도 능히 취하지 못하
므로 다투고 싸우는도다 너희가 얻지 못
함은 구하지 아니하기 때문이요

3 구하여도 받지 못함은 정욕으로 쓰
려고 잘못 구하기 때문이라

4 간음한 여인들아 세상과 벗된 것이
하나님과 원수 됨을 알지 못하느냐 그런
즉 누구든지 세상과 벗이 되고자 하는
자는 스스로 하나님과 원수 되는 것이니
라

5 너희는 하나님이 우리 속에 거하게
하신 성령이 시기하기까지 사모한다 하
신 말씀을 헛된 줄로 생각하느냐

6 그러나 더욱 큰 은혜를 주시나니 그
러므로 일렀으되 하나님이 교만한 자를
물리치시고 겸손한 자에게 은혜를 주신
다 하였느니라

7 그런즉 너희는 하나님께 복종할지어
다 마귀를 대적하라 그리하면 너희를 피
하리라

8 하나님을 가까이하라 그리하면 너희
를 가까이하시리라 죄인들아 손을 깨끗
이 하라 두 마음을 품은 자들아 마음을
성결하게 하라

9 슬퍼하며 애통하며 울지어다 너희
웃음을 애통으로, 너희 즐거움을 근심으
로 바꿀지어다

10 주 앞에서 낮추라 그리하면 주께서
너희를 높이시리라

세상과 벗하지 말라

서로 비방하지 말라

11 형제들아 서로 비방하지 말라 형제
를 비방하는 자나 형제를 판단하는 자는
곧 율법을 비방하고 율법을 판단하는 것
이라 네가 만일 율법을 판단하면 율법의
준행자가 아니요 재판관이로다

12 입법자와 재판관은 오직 한 분이시
니 능히 구원하기도 하시며 멸하기도 하
시느니라 너는 누구이기에 이웃을 판단
하느냐

허탄한 생각을 경고하다

13 들으라 너희 중에 말하기를 오늘이
나 내일이나 우리가 어떤 도시에 가서
거기서 일 년을 머물며 장사하여 이익을
보리라 하는 자들아

14 내일 일을 너희가 알지 못하는도다
너희 생명이 무엇이냐 너희는 잠깐 보이
다가 없어지는 안개니라

15 너희가 도리어 말하기를 주의 뜻이
면 우리가 살기도 하고 이것이나 저것을
하리라 할 것이거늘

16 이제도 너희가 허탄한 자랑을 하니
그러한 자랑은 다 악한 것이라

17 그러므로 사람이 선을 행할 줄 알고
도 행하지 아니하면 죄니라

부한 자에게 주는 경고

5 들으라 부한 자들아 너희에게 임할
고생으로 말미암아 울고 통곡하라

2 너희 재물은 썩었고 너희 옷은 좀먹
었으며

3 너희 금과 은은 녹이 슬었으니 이 녹
이 너희에게 증거가 되며 불 같이 너희
살을 먹으리라 너희가 말세에 재물을 쌓
았도다

4 보라 너희 밭에서 추수한 품꾼에게
주지 아니한 삯이 소리 지르며 그 추수
한 자의 우는 소리가 만군의 주의 귀에
들렸느니라

서로 비방하지 말라

허탄한 생각을 경고하다

부한 자에게 주는 경고

5 너희가 땅에서 사치하고 방종하여 살
륙의 날에 너희 마음을 살찌게 하였도다

6 너희는 의인을 정죄하고 죽였으나 그
는 너희에게 대항하지 아니하였느니라

인내와 기도

7 그러므로 형제들아 주께서 강림하시
기까지 길이 참으라 보라 농부가 땅에서
나는 귀한 열매를 바라고 길이 참아 이
른 비와 늦은 비를 기다리나니

8 너희도 길이 참고 마음을 굳건하게
하라 주의 강림이 가까우니라

9 형제들아 서로 원망하지 말라 그리
하여야 심판을 면하리라 보라 심판주가
문 밖에 서 계시니라

10 형제들아 주의 이름으로 말한 선지
자들을 고난과 오래 참음의 본으로 삼으
라

11 보라 인내하는 자를 우리가 복되다
하나니 너희가 욥의 인내를 들었고 주께
서 주신 결말을 보았거니와 주는 가장
자비하시고 긍휼히 여기시는 이시니라

12 내 형제들아 무엇보다도 맹세하지
말지니 하늘로나 땅으로나 아무 다른 것
으로도 맹세하지 말고 오직 너희가 그렇
다고 생각하는 것은 그렇다 하고 아니라
고 생각하는 것은 아니라 하여 정죄 받
음을 면하라

13 너희 중에 고난 당하는 자가 있느냐
그는 기도할 것이요 즐거워하는 자가 있
느냐 그는 찬송할지니라

14 너희 중에 병든 자가 있느냐 그는 교
회의 장로들을 청할 것이요 그들은 주의
이름으로 기름을 바르며 그를 위하여 기
도할지니라

15 믿음의 기도는 병든 자를 구원하리
니 주께서 그를 일으키시리라 혹시 죄를
범하였을지라도 사하심을 받으리라

인내와 기도

16 그러므로 너희 죄를 서로 고백하며
병이 낫기를 위하여 서로 기도하라 의인
의 간구는 역사하는 힘이 큼이니라

17 엘리야는 우리와 성정이 같은 사람
이로되 그가 비가 오지 않기를 간절히
기도한즉 삼 년 육 개월 동안 땅에 비가
오지 아니하고

18 다시 기도하니 하늘이 비를 주고 땅
이 열매를 맺었느니라

19 내 형제들아 너희 중에 미혹되어 진
리를 떠난 자를 누가 돌아서게 하면

20 너희가 알 것은 죄인을 미혹된 길에
서 돌아서게 하는 자가 그의 영혼을 사
망에서 구원할 것이며 허다한 죄를 덮을
것임이라

베드로전서 1Peter

인사

인사

1 예수 그리스도의 사도 베드로는 본
도, 갈라디아, 갑바도기아, 아시아와
비두니아에 흩어진 나그네

2 곧 하나님 아버지의 미리 아심을 따
라 성령이 거룩하게 하심으로 순종함과
예수 그리스도의 피 뿌림을 얻기 위하여
택하심을 받은 자들에게 편지하노니 은
혜와 평강이 너희에게 더욱 많을지어다

산 소망

산 소망

3 우리 주 예수 그리스도의 아버지 하
나님을 찬송하리로다 그의 많으신 긍휼
대로 예수 그리스도를 죽은 자 가운데서
부활하게 하심으로 말미암아 우리를 거
듭나게 하사 산 소망이 있게 하시며

4 썩지 않고 더럽지 않고 쇠하지 아니
하는 유업을 잇게 하시나니 곧 너희를
위하여 하늘에 간직하신 것이라

5 너희는 말세에 나타내기로 예비하신
구원을 얻기 위하여 믿음으로 말미암아
하나님의 능력으로 보호하심을 받았느
니라

6 그러므로 너희가 이제 여러 가지 시
험으로 말미암아 잠깐 근심하게 되지 않
을 수 없으나 오히려 크게 기뻐하는도다

7 너희 믿음의 확실함은 불로 연단하
여도 없어질 금보다 더 귀하여 예수 그
리스도께서 나타나실 때에 칭찬과 영광
과 존귀를 얻게 할 것이니라

8 예수를 너희가 보지 못하였으나 사랑
하는도다 이제도 보지 못하나 믿고 말할
수 없는 영광스러운 즐거움으로 기뻐하니

9 믿음의 결국 곧 영혼의 구원을 받음
이라

10 이 구원에 대하여는 너희에게 임할
은혜를 예언하던 선지자들이 연구하고
부지런히 살펴서

11 자기 속에 계신 그리스도의 영이 그
받으실 고난과 후에 받으실 영광을 미리
증언하여 누구를 또는 어떠한 때를 지시
하시는지 상고하니라

12 이 섬긴 바가 자기를 위한 것이 아니
요 너희를 위한 것임이 계시로 알게 되
었으니 이것은 하늘로부터 보내신 성령
을 힘입어 복음을 전하는 자들로 이제
너희에게 알린 것이요 천사들도 살펴 보
기를 원하는 것이니라

모든 행실에 거룩한 자가 되라

13 그러므로 너희 마음의 허리를 동이
고 근신하여 예수 그리스도께서 나타나
실 때에 너희에게 가져다 주실 은혜를
온전히 바랄지어다

14 너희가 순종하는 자식처럼 전에 알
지 못할 때에 따르던 너희 사욕을 본받
지 말고

15 오직 너희를 부르신 거룩한 이처럼 너
희도 모든 행실에 거룩한 자가 되라

16 기록되었으되 내가 거룩하니 너희도
거룩할지어다 하셨느니라

17 외모로 보시지 않고 각 사람의 행위
대로 심판하시는 이를 너희가 아버지라
부른즉 너희가 나그네로 있을 때를 두려
움으로 지내라

18 너희가 알거니와 너희 조상이 물려
준 헛된 행실에서 대속함을 받은 것은
은이나 금 같이 없어질 것으로 된 것이
아니요

19 오직 흠 없고 점 없는 어린 양 같은
그리스도의 보배로운 피로 된 것이니라

20 그는 창세 전부터 미리 알린 바 되신
이나 이 말세에 너희를 위하여 나타내신
바 되었으니

모든 행실에 거룩한 자가 되라

21 너희는 그를 죽은 자 가운데서 살리시
고 영광을 주신 하나님을 그리스도로 말
미암아 믿는 자니 너희 믿음과 소망이 하
나님께 있게 하셨느니라

22 너희가 진리를 순종함으로 너희 영
혼을 깨끗하게 하여 거짓이 없이 형제를
사랑하기에 이르렀으니 마음으로 뜨겁
게 서로 사랑하라

23 너희가 거듭난 것은 썩어질 씨로 된
것이 아니요 썩지 아니할 씨로 된 것이
니 살아 있고 항상 있는 하나님의 말씀
으로 되었느니라

24 그러므로 모든 육체는 풀과 같고 그
모든 영광은 풀의 꽃과 같으니 풀은 마
르고 꽃은 떨어지되

25 오직 주의 말씀은 세세토록 있도다
하였으니 너희에게 전한 복음이 곧 이
말씀이니라

산 돌과 하나님의 백성

산 돌과 하나님의 백성

2 그러므로 모든 악독과 모든 기만과
외식과 시기와 모든 비방하는 말을
버리고

2 갓난 아기들 같이 순전하고 신령한
젖을 사모하라 이는 그로 말미암아 너희
로 구원에 이르도록 자라게 하려 함이라

3 너희가 주의 인자하심을 맛보았으면
그리하라

4 사람에게는 버린 바가 되었으나 하
나님께는 택하심을 입은 보배로운 산 돌
이신 예수께 나아가

5 너희도 산 돌 같이 신령한 집으로 세워
지고 예수 그리스도로 말미암아 하나님이
기쁘게 받으실 신령한 제사를 드릴 거룩
한 제사장이 될지니라

6 성경에 기록되었으되 보라 내가 택
한 보배로운 모퉁잇돌을 시온에 두노니
그를 믿는 자는 부끄러움을 당하지 아니
하리라 하였으니

7 그러므로 믿는 너희에게는 보배이나
믿지 아니하는 자에게는 건축자들이 버
린 그 돌이 모퉁이의 머릿돌이 되고

8 또한 부딪치는 돌과 걸려 넘어지게
하는 바위가 되었다 하였느니라 그들이
말씀을 순종하지 아니하므로 넘어지나
니 이는 그들을 이렇게 정하신 것이라

9 그러나 너희는 택하신 족속이요 왕
같은 제사장들이요 거룩한 나라요 그의
소유가 된 백성이니 이는 너희를 어두운
데서 불러 내어 그의 기이한 빛에 들어
가게 하신 이의 아름다운 덕을 선포하게
하려 하심이라

10 너희가 전에는 백성이 아니더니 이
제는 하나님의 백성이요 전에는 긍휼을
얻지 못하였더니 이제는 긍휼을 얻은 자
니라

하나님의 종과 같이 하라

11 사랑하는 자들아 거류민과 나그네 같
은 너희를 권하노니 영혼을 거슬러 싸우
는 육체의 정욕을 제어하라

12 너희가 이방인 중에서 행실을 선하
게 가져 너희를 악행한다고 비방하는 자
들로 하여금 너희 선한 일을 보고 [1]오시
는 날에 하나님께 영광을 돌리게 하려
함이라

13 인간의 모든 제도를 주를 위하여 순
종하되 혹은 위에 있는 왕이나

14 혹은 그가 악행하는 자를 징벌하고
선행하는 자를 포상하기 위하여 보낸 총
독에게 하라

15 곧 선행으로 어리석은 사람들의 무
식한 말을 막으시는 것이라

16 너희는 자유가 있으나 그 자유로 악
을 가리는 데 쓰지 말고 오직 하나님의
종과 같이 하라

17 뭇 사람을 공경하며 형제를 사랑하
며 하나님을 두려워하며 왕을 존대하라

하나님의 종과 같이 하라

그리스도의 고난

18 사환들아 범사에 두려워함으로 주인
들에게 순종하되 선하고 관용하는 자들
에게만 아니라 또한 까다로운 자들에게
도 그리하라

19 부당하게 고난을 받아도 하나님을
생각함으로 슬픔을 참으면 이는 아름다
우나

20 죄가 있어 매를 맞고 참으면 무슨 칭
찬이 있으리요 그러나 선을 행함으로 고
난을 받고 참으면 이는 하나님 앞에 아
름다우니라

21 이를 위하여 너희가 부르심을 받았
으니 그리스도도 너희를 위하여 고난을
받으사 너희에게 본을 끼쳐 그 자취를
따라오게 하려 하셨느니라

22 그는 죄를 범하지 아니하시고 그 입
에 거짓도 없으시며

23 욕을 당하시되 맞대어 욕하지 아니
하시고 고난을 당하시되 위협하지 아니
하시고 오직 공의로 심판하시는 이에게
부탁하시며

24 친히 나무에 달려 그 몸으로 우리 죄
를 담당하셨으니 이는 우리로 죄에 대하
여 죽고 의에 대하여 살게 하려 하심이
라 그가 채찍에 맞음으로 너희는 나음을
얻었나니

25 너희가 전에는 양과 같이 길을 잃었
더니 이제는 너희 영혼의 목자와 감독
되신 이에게 돌아왔느니라

아내와 남편

3 아내들아 이와 같이 자기 남편에게
순종하라 이는 혹 말씀을 순종하지
않는 자라도 말로 말미암지 않고 그 아
내의 행실로 말미암아 구원을 받게 하려
함이니

2 너희의 두려워하며 정결한 행실을
봄이라

그리스도의 고난

아내와 남편

3 너희의 단장은 머리를 꾸미고 금을
차고 아름다운 옷을 입는 외모로 하지
말고

4 오직 마음에 숨은 사람을 온유하고
안정한 심령의 썩지 아니할 것으로 하라
이는 하나님 앞에 값진 것이니라

5 전에 하나님께 소망을 두었던 거룩
한 부녀들도 이와 같이 자기 남편에게
순종함으로 자기를 단장하였나니

6 사라가 아브라함을 주라 칭하여 순
종한 것 같이 너희는 선을 행하고 아무
두려운 일에도 놀라지 아니하면 그의 딸
이 된 것이니라

7 남편들아 이와 같이 지식을 따라 너
희 아내와 동거하고 그를 더 연약한 그
릇이요 또 생명의 은혜를 함께 이어받을
자로 알아 귀히 여기라 이는 너희 기도
가 막히지 아니하게 하려 함이라

선을 위한 고난

8 마지막으로 말하노니 너희가 다 마
음을 같이하여 동정하며 형제를 사랑하
며 불쌍히 여기며 겸손하며

9 악을 악으로, 욕을 욕으로 갚지 말고
도리어 복을 빌라 이를 위하여 너희가
부르심을 받았으니 이는 복을 이어받게
하려 하심이라

10 그러므로 생명을 사랑하고 좋은 날
보기를 원하는 자는 혀를 금하여 악한
말을 그치며 그 입술로 거짓을 말하지
말고

11 악에서 떠나 선을 행하고 화평을 구
하며 그것을 따르라

12 주의 눈은 의인을 향하시고 그의 귀
는 의인의 간구에 기울이시되 주의 얼굴
은 악행하는 자들을 대하시느니라 하였
느니라

13 또 너희가 열심으로 선을 행하면 누
가 너희를 해하리요

선을 위한 고난

14 그러나 의를 위하여 고난을 받으면
복 있는 자니 그들이 두려워하는 것을
두려워하지 말며 근심하지 말고

15 너희 마음에 그리스도를 주로 삼아
거룩하게 하고 너희 속에 있는 소망에
관한 이유를 묻는 자에게는 대답할 것을
항상 준비하되 온유와 두려움으로 하고

16 선한 양심을 가지라 이는 그리스도
안에 있는 너희의 선행을 욕하는 자들로
그 비방하는 일에 부끄러움을 당하게 하
려 함이라

17 선을 행함으로 고난 받는 것이 하나
님의 뜻일진대 악을 행함으로 고난 받는
것보다 나으니라

18 그리스도께서도 단번에 죄를 위하여
죽으사 의인으로서 불의한 자를 대신하
셨으니 이는 우리를 하나님 앞으로 인도
하려 하심이라 육체로는 죽임을 당하시
고 영으로는 살리심을 받으셨으니

19 그가 또한 영으로 가서 옥에 있는 영
들에게 선포하시니라

20 그들은 전에 노아의 날 방주를 준비
할 동안 하나님이 오래 참고 기다리실
때에 복종하지 아니하던 자들이라 방주
에서 물로 말미암아 구원을 얻은 자가
몇 명뿐이니 겨우 여덟 명이라

21 물은 예수 그리스도께서 부활하심으
로 말미암아 이제 너희를 구원하는 표니
곧 세례라 이는 육체의 더러운 것을 제
하여 버림이 아니요 하나님을 향한 선한
양심의 간구니라

22 그는 하늘에 오르사 하나님 우편에
계시니 천사들과 권세들과 능력들이 그
에게 복종하느니라

하나님의 은혜를 맡은 선한 청지기

4 그리스도께서 이미 육체의 고난을
받으셨으니 너희도 같은 마음으로
갑옷을 삼으라 이는 육체의 고난을 받은
자는 죄를 그쳤음이니

하나님의 은혜를 맡은 선한 청지기

2 그 후로는 다시 사람의 정욕을 따르
지 않고 하나님의 뜻을 따라 육체의 남
은 때를 살게 하려 함이라

3 너희가 음란과 정욕과 술취함과 방
탕과 향락과 무법한 우상 숭배를 하여
이방인의 뜻을 따라 행한 것은 지나간
때로 족하도다

4 이러므로 너희가 그들과 함께 그런
극한 방탕에 달음질하지 아니하는 것을
그들이 이상히 여겨 비방하나

5 그들이 산 자와 죽은 자를 심판하기
로 예비하신 이에게 사실대로 고하리라

6 이를 위하여 죽은 자들에게도 복음
이 전파되었으니 이는 육체로는 사람으
로 심판을 받으나 영으로는 하나님을 따
라 살게 하려 함이라

7 만물의 마지막이 가까이 왔으니 그
러므로 너희는 정신을 차리고 근신하여
기도하라

8 무엇보다도 뜨겁게 서로 사랑할지니
사랑은 허다한 죄를 덮느니라

9 서로 대접하기를 원망 없이 하고

10 각각 은사를 받은 대로 하나님의 여
러 가지 은혜를 맡은 선한 청지기 같이
서로 봉사하라

11 만일 누가 말하려면 하나님의 말씀
을 하는 것 같이 하고 누가 봉사하려면
하나님이 공급하시는 힘으로 하는 것 같
이 하라 이는 범사에 예수 그리스도로
말미암아 하나님이 영광을 받으시게 하
려 함이니 그에게 영광과 권능이 세세에
무궁하도록 있느니라 아멘

그리스도인이 받을 고난

12 사랑하는 자들아 너희를 연단하려고
오는 불 시험을 이상한 일 당하는 것 같
이 이상히 여기지 말고

그리스도인이 받을 고난

13 오히려 너희가 그리스도의 고난에 참여하는 것으로 즐거워하라 이는 그의 영광을 나타내실 때에 너희로 즐거워하고 기뻐하게 하려 함이라

14 너희가 그리스도의 이름으로 치욕을 당하면 복 있는 자로다 영광의 영 곧 하나님의 영이 너희 위에 계심이라

15 너희 중에 누구든지 살인이나 도둑질이나 악행이나 남의 일을 간섭하는 자로 고난을 받지 말려니와

16 만일 그리스도인으로 고난을 받으면 부끄러워하지 말고 도리어 그 이름으로 하나님께 영광을 돌리라

17 하나님의 집에서 심판을 시작할 때가 되었나니 만일 우리에게 먼저 하면 하나님의 복음을 순종하지 아니하는 자들의 그 마지막은 어떠하며

18 또 의인이 겨우 구원을 받으면 경건하지 아니한 자와 죄인은 어디에 서리요

19 그러므로 하나님의 뜻대로 고난을 받는 자들은 또한 선을 행하는 가운데에 그 영혼을 미쁘신 창조주께 의탁할지어다

하나님의 양 무리를 치라

하나님의 양 무리를 치라

5 너희 중 장로들에게 권하노니 나는 함께 장로 된 자요 그리스도의 고난의 증인이요 나타날 영광에 참여할 자니라

2 너희 중에 있는 하나님의 양 무리를 치되 억지로 하지 말고 하나님의 뜻을 따라 자원함으로 하며 더러운 이득을 위하여 하지 말고 기꺼이 하며

3 맡은 자들에게 주장하는 자세를 하지 말고 양 무리의 본이 되라

4 그리하면 목자장이 나타나실 때에 시들지 아니하는 영광의 관을 얻으리라

5 젊은 자들아 이와 같이 장로들에게 순종하고 다 서로 겸손으로 허리를 동이라 하나님은 교만한 자를 대적하시되 겸손한 자들에게는 은혜를 주시느니라

6 그러므로 하나님의 능하신 손 아래
에서 겸손하라 때가 되면 너희를 높이시
리라

7 너희 염려를 다 주께 맡기라 이는 그
가 너희를 돌보심이라

8 근신하라 깨어라 너희 대적 마귀가
우는 사자 같이 두루 다니며 삼킬 자를
찾나니

9 너희는 믿음을 굳건하게 하여 그를
대적하라 이는 세상에 있는 너희 형제들
도 동일한 고난을 당하는 줄을 앎이라

10 모든 은혜의 하나님 곧 그리스도 안
에서 너희를 부르사 자기의 영원한 영광
에 들어가게 하신 이가 잠깐 고난을 당
한 너희를 친히 온전하게 하시며 굳건하
게 하시며 강하게 하시며 터를 견고하게
하시리라

11 권능이 세세무궁하도록 그에게 있을
지어다 아멘

끝 인사

12 내가 신실한 형제로 아는 실루아노
로 말미암아 너희에게 간단히 써서 권하
고 이것이 하나님의 참된 은혜임을 증언
하노니 너희는 이 은혜에 굳게 서라

13 택하심을 함께 받은 바벨론에 있는
교회가 너희에게 문안하고 내 아들 마가
도 그리하느니라

14 너희는 사랑의 입맞춤으로 서로 문
안하라 그리스도 안에 있는 너희 모든
이에게 평강이 있을지어다

끝 인사

베드로후서 2Peter

부르심과 택하심

부르심과 택하심

1 예수 그리스도의 종이며 사도인 시몬
베드로는 우리 하나님과 구주 예수
그리스도의 의를 힘입어 동일하게 보배
로운 믿음을 우리와 함께 받은 자들에게
편지하노니

2 하나님과 우리 주 예수를 앎으로 은
혜와 평강이 너희에게 더욱 많을지어다

3 그의 신기한 능력으로 생명과 경건
에 속한 모든 것을 우리에게 주셨으니
이는 자기의 영광과 덕으로써 우리를 부
르신 이를 앎으로 말미암음이라

4 이로써 그 보배롭고 지극히 큰 약속을
우리에게 주사 이 약속으로 말미암아 너
희가 정욕 때문에 세상에서 썩어질 것을
피하여 신성한 성품에 참여하는 자가 되
게 하려 하셨느니라

5 그러므로 너희가 더욱 힘써 너희 믿
음에 덕을, 덕에 지식을,

6 지식에 절제를, 절제에 인내를, 인내
에 경건을,

7 경건에 형제 우애를, 형제 우애에 사
랑을 더하라

8 이런 것이 너희에게 있어 흡족한즉
너희로 우리 주 예수 그리스도를 알기에
게으르지 않고 열매 없는 자가 되지 않
게 하려니와

9 이런 것이 없는 자는 맹인이라 멀리
보지 못하고 그의 옛 죄가 깨끗하게 된
것을 잊었느니라

10 그러므로 형제들아 더욱 힘써 너희
부르심과 택하심을 굳게 하라 너희가 이
것을 행한즉 언제든지 실족하지 아니하
리라

11 이같이 하면 우리 주 곧 구주 예수 그
리스도의 영원한 나라에 들어감을 넉넉
히 너희에게 주시리라

그리스도의 영광과 성경의 예언

12 그러므로 너희가 이것을 알고 이미
있는 진리에 서 있으나 내가 항상 너희
에게 생각나게 하려 하노라

13 내가 이 장막에 있을 동안에 너희를 일
깨워 생각나게 함이 옳은 줄로 여기노니

14 이는 우리 주 예수 그리스도께서 내
게 지시하신 것 같이 나도 나의 장막을
벗어날 것이 임박한 줄을 앎이라

15 내가 힘써 너희로 하여금 내가 떠난
후에라도 어느 때나 이런 것을 생각나게
하려 하노라

16 우리 주 예수 그리스도의 능력과 강
림하심을 너희에게 알게 한 것이 교묘히
만든 이야기를 따른 것이 아니요 우리는
그의 크신 위엄을 친히 본 자라

17 지극히 큰 영광 중에서 이러한 소리
가 그에게 나기를 이는 내 사랑하는 아
들이요 내 기뻐하는 자라 하실 때에 그
가 하나님 아버지께 존귀와 영광을 받으
셨느니라

18 이 소리는 우리가 그와 함께 거룩한
산에 있을 때에 하늘로부터 난 것을 들
은 것이라

19 또 우리에게는 더 확실한 예언이 있
어 어두운 데를 비추는 등불과 같으니
날이 새어 샛별이 너희 마음에 떠오르기
까지 너희가 이것을 주의하는 것이 옳으
니라

20 먼저 알 것은 성경의 모든 예언은 사
사로이 풀 것이 아니니

21 예언은 언제든지 사람의 뜻으로 낸 것
이 아니요 오직 성령의 감동하심을 받은
사람들이 하나님께 받아 말한 것임이라

그리스도의 영광과 성경의 예언

거짓 선지자들과 거짓 선생들(유 1:4-13)

거짓 선지자들과 거짓 선생들(유 1:4-13)

2 그러나 백성 가운데 또한 거짓 선지
자들이 일어났었나니 이와 같이 너
희 중에도 거짓 선생들이 있으리라 그들
은 멸망하게 할 이단을 가만히 끌어들여
자기들을 사신 주를 부인하고 임박한 멸
망을 스스로 취하는 자들이라

2 여럿이 그들의 호색하는 것을 따르
리니 이로 말미암아 진리의 도가 비방을
받을 것이요

3 그들이 탐심으로써 지어낸 말을 가
지고 너희로 이득을 삼으니 그들의 심판
은 옛적부터 지체하지 아니하며 그들의
멸망은 잠들지 아니하느니라

4 하나님이 범죄한 천사들을 용서하지
아니하시고 지옥에 던져 어두운 구덩이
에 두어 심판 때까지 지키게 하셨으며

5 옛 세상을 용서하지 아니하시고 오
직 의를 전파하는 노아와 그 일곱 식구
를 보존하시고 경건하지 아니한 자들의
세상에 홍수를 내리셨으며

6 소돔과 고모라 성을 멸망하기로 정
하여 재가 되게 하사 후세에 경건하지
아니할 자들에게 본을 삼으셨으며

7 무법한 자들의 음란한 행실로 말미
암아 고통 당하는 의로운 롯을 건지셨으
니

8 (이는 이 의인이 그들 중에 거하여
날마다 저 불법한 행실을 보고 들음으로
그 의로운 심령이 상함이라)

9 주께서 경건한 자는 시험에서 건지
실 줄 아시고 불의한 자는 형벌 아래에
두어 심판 날까지 지키시며

10 특별히 육체를 따라 더러운 정욕 가
운데서 행하며 주관하는 이를 멸시하는
자들에게는 형벌할 줄 아시느니라 이들
은 당돌하고 자긍하며 떨지 않고 영광
있는 자들을 비방하거니와

11 더 큰 힘과 능력을 가진 천사들도 주
앞에서 그들을 거슬러 비방하는 고발을
하지 아니하느니라

12 그러나 이 사람들은 본래 잡혀 죽기
위하여 난 이성 없는 짐승 같아서 그 알
지 못하는 것을 비방하고 그들의 멸망
가운데서 멸망을 당하며

13 불의의 값으로 불의를 당하며 낮에
즐기고 노는 것을 기쁘게 여기는 자들이
니 점과 흠이라 너희와 함께 연회할 때
에 그들의 속임수로 즐기고 놀며

14 음심이 가득한 눈을 가지고 범죄하
기를 그치지 아니하고 굳세지 못한 영혼
들을 유혹하며 탐욕에 연단된 마음을 가
진 자들이니 저주의 자식이라

15 그들이 바른 길을 떠나 미혹되어 브
올의 아들 발람의 길을 따르는도다 그는
불의의 삯을 사랑하다가

16 자기의 불법으로 말미암아 책망을
받되 말하지 못하는 나귀가 사람의 소리
로 말하여 이 선지자의 미친 행동을 저
지하였느니라

17 이 사람들은 물 없는 샘이요 광풍에
밀려 가는 안개니 그들을 위하여 캄캄한
어둠이 예비되어 있나니

18 그들이 허탄한 자랑의 말을 토하며
그릇되게 행하는 사람들에게서 겨우 피
한 자들을 음란으로써 육체의 정욕 중에
서 유혹하는도다

19 그들에게 자유를 준다 하여도 자신
들은 멸망의 종들이니 누구든지 진 자는
이긴 자의 종이 됨이라

20 만일 그들이 우리 주 되신 구주 예수
그리스도를 앎으로 세상의 더러움을 피
한 후에 다시 그 중에 얽매이고 지면 그
나중 형편이 처음보다 더 심하리니

21 의의 도를 안 후에 받은 거룩한 명령
을 저버리는 것보다 알지 못하는 것이
도리어 그들에게 나으니라

22 참된 속담에 이르기를 개가 그 토하였던 것에 돌아가고 돼지가 씻었다가 더러운 구덩이에 도로 누웠다 하는 말이 그들에게 응하였도다

하나님의 날

하나님의 날

3 사랑하는 자들아 내가 이제 이 둘째 편지를 너희에게 쓰노니 이 두 편지로 너희의 진실한 마음을 일깨워 생각나게 하여

2 곧 거룩한 선지자들이 예언한 말씀과 주 되신 구주께서 너희의 사도들로 말미암아 명하신 것을 기억하게 하려 하노라

3 먼저 이것을 알지니 말세에 조롱하는 자들이 와서 자기의 정욕을 따라 행하며 조롱하여

4 이르되 주께서 강림하신다는 약속이 어디 있느냐 조상들이 잔 후로부터 만물이 처음 창조될 때와 같이 그냥 있다 하니

5 이는 하늘이 옛적부터 있는 것과 땅이 물에서 나와 물로 성립된 것도 하나님의 말씀으로 된 것을 그들이 일부러 잊으려 함이로다

6 이로 말미암아 그 때에 세상은 물이 넘침으로 멸망하였으되

7 이제 하늘과 땅은 그 동일한 말씀으로 불사르기 위하여 보호하신 바 되어 경건하지 아니한 사람들의 심판과 멸망의 날까지 보존하여 두신 것이니라

8 사랑하는 자들아 주께는 하루가 천 년 같고 천 년이 하루 같다는 이 한 가지를 잊지 말라

9 주의 약속은 어떤 이들이 더디다고 생각하는 것 같이 더딘 것이 아니라 오직 주께서는 너희를 대하여 오래 참으사 아무도 멸망하지 아니하고 다 회개하기에 이르기를 원하시느니라

10 그러나 주의 날이 도둑 같이 오리니
그 날에는 하늘이 큰 소리로 떠나가고
물질이 뜨거운 불에 풀어지고 땅과 그
중에 있는 모든 일이 드러나리로다

11 이 모든 것이 이렇게 풀어지리니 너
희가 어떠한 사람이 되어야 마땅하냐 거
룩한 행실과 경건함으로

12 하나님의 날이 임하기를 바라보고
간절히 사모하라 그 날에 하늘이 불에
타서 풀어지고 물질이 뜨거운 불에 녹아
지려니와

13 우리는 그의 약속대로 의가 있는 곳
인 새 하늘과 새 땅을 바라보도다

14 그러므로 사랑하는 자들아 너희가
이것을 바라보나니 주 앞에서 점도 없고
흠도 없이 평강 가운데서 나타나기를 힘
쓰라

15 또 우리 주의 오래 참으심이 구원이
될 줄로 여기라 우리가 사랑하는 형제
바울도 그 받은 지혜대로 너희에게 이같
이 썼고

16 또 그 모든 편지에도 이런 일에 관하
여 말하였으되 그 중에 알기 어려운 것
이 더러 있으니 무식한 자들과 굳세지
못한 자들이 다른 성경과 같이 그것도
억지로 풀다가 스스로 멸망에 이르느니
라

17 그러므로 사랑하는 자들아 너희가
이것을 미리 알았은즉 무법한 자들의 미
혹에 이끌려 너희가 굳센 데서 떨어질까
삼가라

18 오직 우리 주 곧 구주 예수 그리스도
의 은혜와 그를 아는 지식에서 자라 가
라 영광이 이제와 영원한 날까지 그에게
있을지어다

요한일서 1John

생명의 말씀

1 태초부터 있는 생명의 말씀에 관하여
는 우리가 들은 바요 눈으로 본 바요
자세히 보고 우리의 손으로 만진 바라
2 이 생명이 나타내신 바 된지라 이 영원
한 생명을 우리가 보았고 증언하여 너희
에게 전하노니 이는 아버지와 함께 계시
다가 우리에게 나타내신 바 된 이시니라
3 우리가 보고 들은 바를 너희에게도
전함은 너희로 우리와 사귐이 있게 하려
함이니 우리의 사귐은 아버지와 그의 아
들 예수 그리스도와 더불어 누림이라
4 우리가 이것을 씀은 우리의 기쁨이
충만하게 하려 함이라

하나님은 빛이시다

5 우리가 그에게서 듣고 너희에게 전
하는 소식은 이것이니 곧 하나님은 빛이
시라 그에게는 어둠이 조금도 없으시다
는 것이니라
6 만일 우리가 하나님과 사귐이 있다
하고 어둠에 행하면 거짓말을 하고 [1]진
리를 행하지 아니함이거니와
7 그가 빛 가운데 계신 것 같이 우리도
빛 가운데 행하면 우리가 서로 사귐이
있고 그 아들 예수의 피가 우리를 모든
죄에서 깨끗하게 하실 것이요
8 만일 우리가 죄가 없다고 말하면 스
스로 속이고 또 진리가 우리 속에 있지
아니할 것이요
9 만일 우리가 우리 죄를 자백하면 그
는 미쁘시고 의로우사 우리 죄를 사하시
며 우리를 모든 불의에서 깨끗하게 하실
것이요

생명의 말씀

하나님은 빛이시다

10 만일 우리가 범죄하지 아니하였다 하면 하나님을 거짓말하는 이로 만드는 것이니 또한 그의 말씀이 우리 속에 있지 아니하니라

대언자이신 예수 그리스도

대언자이신 예수 그리스도

2 나의 자녀들아 내가 이것을 너희에게 씀은 너희로 죄를 범하지 않게 하려 함이라 만일 누가 죄를 범하여도 아버지 앞에서 우리에게 [1]대언자가 있으니 곧 의로우신 예수 그리스도시라

2 그는 우리 죄를 위한 화목제물이니 우리만 위할 뿐 아니요 온 세상의 죄를 위하심이라

3 우리가 그의 계명을 지키면 이로써 우리가 그를 아는 줄로 알 것이요

4 그를 아노라 하고 그의 계명을 지키지 아니하는 자는 거짓말하는 자요 진리가 그 속에 있지 아니하되

5 누구든지 그의 말씀을 지키는 자는 하나님의 사랑이 참으로 그 속에서 온전하게 되었나니 이로써 우리가 그의 안에 있는 줄을 아노라

6 그의 안에 산다고 하는 자는 그가 행하시는 대로 자기도 행할지니라

옛 계명과 새 계명

옛 계명과 새 계명

7 사랑하는 자들아 내가 새 계명을 너희에게 쓰는 것이 아니라 너희가 처음부터 가진 옛 계명이니 이 옛 계명은 너희가 들은 바 말씀이거니와

8 다시 내가 너희에게 새 계명을 쓰노니 그에게와 너희에게도 참된 것이라 이는 어둠이 지나가고 참빛이 벌써 비침이니라

9 빛 가운데 있다 하면서 그 형제를 미워하는 자는 지금까지 어둠에 있는 자요

10 그의 형제를 사랑하는 자는 빛 가운데 거하여 자기 속에 거리낌이 없으나

11 그의 형제를 미워하는 자는 어둠에
있고 또 어둠에 행하며 갈 곳을 알지 못
하나니 이는 그 어둠이 그의 눈을 멀게
하였음이라

12 자녀들아 내가 너희에게 쓰는 것은
너희 죄가 그의 이름으로 말미암아 사함
을 받았음이요

13 아비들아 내가 너희에게 쓰는 것은 너
희가 태초부터 계신 이를 알았음이요 청
년들아 내가 너희에게 쓰는 것은 너희가
악한 자를 이기었음이라

14 아이들아 내가 너희에게 쓴 것은 너
희가 아버지를 알았음이요 아비들아 내
가 너희에게 쓴 것은 너희가 태초부터
계신 이를 알았음이요 청년들아 내가 너
희에게 쓴 것은 너희가 강하고 하나님의
말씀이 너희 안에 거하시며 너희가 흉악
한 자를 이기었음이라

15 이 세상이나 세상에 있는 것들을 사
랑하지 말라 누구든지 세상을 사랑하면
아버지의 사랑이 그 안에 있지 아니하니

16 이는 세상에 있는 모든 것이 육신의
정욕과 안목의 정욕과 이생의 자랑이니
다 아버지께로부터 온 것이 아니요 세상
으로부터 온 것이라

17 이 세상도, 그 정욕도 지나가되 오직
하나님의 뜻을 행하는 자는 영원히 거하
느니라

적그리스도와 하나님의 자녀

18 아이들아 지금은 마지막 때라 적그
리스도가 오리라는 말을 너희가 들은 것
과 같이 지금도 많은 적그리스도가 일어
났으니 그러므로 우리가 마지막 때인 줄
아노라

19 그들이 우리에게서 나갔으나 우리에
게 속하지 아니하였나니 만일 우리에게
속하였더라면 우리와 함께 거하였으려
니와 그들이 나간 것은 다 우리에게 속
하지 아니함을 나타내려 함이니라

적그리스도와 하나님의 자녀

20 너희는 거룩하신 자에게서 기름 부
음을 받고 모든 것을 아느니라

21 내가 너희에게 쓰는 것은 너희가 진
리를 알지 못하기 때문이 아니라 알기
때문이요 또 모든 거짓은 진리에서 나지
않기 때문이라

22 거짓말하는 자가 누구냐 예수께서
그리스도이심을 부인하는 자가 아니냐
아버지와 아들을 부인하는 그가 적그리
스도니

23 아들을 부인하는 자에게는 또한 아
버지가 없으되 아들을 시인하는 자에게
는 아버지도 있느니라

24 너희는 처음부터 들은 것을 너희 안
에 거하게 하라 처음부터 들은 것이 너
희 안에 거하면 너희가 아들과 아버지
안에 거하리라

25 그가 우리에게 약속하신 것은 이것
이니 곧 영원한 생명이니라

26 너희를 미혹하는 자들에 관하여 내
가 이것을 너희에게 썼노라

27 너희는 주께 받은 바 기름 부음이 너
희 안에 거하나니 아무도 너희를 가르칠
필요가 없고 오직 그의 기름 부음이 모
든 것을 너희에게 가르치며 또 참되고
거짓이 없으니 너희를 가르치신 그대로
주 안에 거하라

28 자녀들아 이제 그의 안에 거하라 이
는 주께서 나타내신 바 되면 그가 강림
하실 때에 우리로 담대함을 얻어 그 앞
에서 부끄럽지 않게 하려 함이라

29 너희가 그가 의로우신 줄을 알면 의
를 행하는 자마다 그에게서 난 줄을 알
리라

3 보라 아버지께서 어떠한 사랑을 우
리에게 베푸사 하나님의 자녀라 일
컬음을 받게 하셨는가, 우리가 그러하도
다 그러므로 세상이 우리를 알지 못함은
그를 알지 못함이라

2 사랑하는 자들아 우리가 지금은 하
나님의 자녀라 장래에 어떻게 될지는 아
직 나타나지 아니하였으나 그가 나타나
시면 우리가 그와 같을 줄을 아는 것은
그의 참모습 그대로 볼 것이기 때문이니

3 주를 향하여 이 소망을 가진 자마다
그의 깨끗하심과 같이 자기를 깨끗하게
하느니라

4 죄를 짓는 자마다 불법을 행하나니
죄는 불법이라

5 그가 우리 죄를 없애려고 나타나신
것을 너희가 아나니 그에게는 죄가 없느
니라

6 그 안에 거하는 자마다 범죄하지 아
니하나니 범죄하는 자마다 그를 보지도
못하였고 그를 알지도 못하였느니라

7 자녀들아 아무도 너희를 미혹하지
못하게 하라 의를 행하는 자는 그의 의
로우심과 같이 의롭고

8 죄를 짓는 자는 마귀에게 속하나니
마귀는 처음부터 범죄함이라 하나님의
아들이 나타나신 것은 마귀의 일을 멸하
려 하심이라

9 하나님께로부터 난 자마다 죄를 짓
지 아니하나니 이는 하나님의 씨가 그의
속에 거함이요 그도 범죄하지 못하는 것
은 하나님께로부터 났음이라

10 이러므로 하나님의 자녀들과 마귀의
자녀들이 드러나나니 무릇 의를 행하지
아니하는 자나 또는 그 형제를 사랑하지
아니하는 자는 하나님께 속하지 아니하
니라

11 우리는 서로 사랑할지니 이는 너희
가 처음부터 들은 소식이라

12 가인 같이 하지 말라 그는 악한 자에
게 속하여 그 아우를 죽였으니 어떤 이
유로 죽였느냐 자기의 행위는 악하고 그
의 아우의 행위는 의로움이라

행함과 진실함으로 사랑하자

13 형제들아 세상이 너희를 미워하여도
이상히 여기지 말라

14 우리는 형제를 사랑함으로 사망에서
옮겨 생명으로 들어간 줄을 알거니와 사
랑하지 아니하는 자는 사망에 머물러 있
느니라

15 그 형제를 미워하는 자마다 살인하는
자니 살인하는 자마다 영생이 그 속에
거하지 아니하는 것을 너희가 아는 바라

16 그가 우리를 위하여 목숨을 버리셨
으니 우리가 이로써 사랑을 알고 우리도
형제들을 위하여 목숨을 버리는 것이 마
땅하니라

17 누가 이 세상의 재물을 가지고 형제
의 궁핍함을 보고도 도와 줄 마음을 닫
으면 하나님의 사랑이 어찌 그 속에 거
하겠느냐

18 자녀들아 우리가 말과 혀로만 사랑
하지 말고 행함과 진실함으로 하자

19 이로써 우리가 진리에 속한 줄을 알고
또 우리 마음을 주 앞에서 굳세게 하리니

20 이는 우리 마음이 혹 우리를 책망할
일이 있어도 하나님은 우리 마음보다 크
시고 모든 것을 아시기 때문이라

21 사랑하는 자들아 만일 우리 마음이
우리를 책망할 것이 없으면 하나님 앞에
서 담대함을 얻고

22 무엇이든지 구하는 바를 그에게서
받나니 이는 우리가 그의 계명을 지키고
그 앞에서 기뻐하시는 것을 행함이라

23 그의 계명은 이것이니 곧 그 아들 예
수 그리스도의 이름을 믿고 그가 우리에
게 주신 계명대로 서로 사랑할 것이니라

24 그의 계명을 지키는 자는 주 안에 거
하고 주는 그의 안에 거하시나니 우리에
게 주신 성령으로 말미암아 그가 우리
안에 거하시는 줄을 우리가 아느니라

행함과 진실함으로 사랑하자

하나님의 영과 적그리스도의 영

하나님의 영과 적그리스도의 영

4 사랑하는 자들아 영을 다 믿지 말고
오직 영들이 하나님께 속하였나 분
별하라 많은 거짓 선지자가 세상에 나왔
음이라

2 이로써 너희가 하나님의 영을 알지니
곧 예수 그리스도께서 육체로 오신 것을
시인하는 영마다 하나님께 속한 것이요

3 예수를 시인하지 아니하는 영마다
하나님께 속한 것이 아니니 이것이 곧
적그리스도의 영이니라 오리라 한 말을
너희가 들었거니와 지금 벌써 세상에 있
느니라

4 자녀들아 너희는 하나님께 속하였고
또 그들을 이기었나니 이는 너희 안에
계신 이가 세상에 있는 자보다 크심이라

5 그들은 세상에 속한 고로 세상에 속한
말을 하매 세상이 그들의 말을 듣느니라

6 우리는 하나님께 속하였으니 하나님
을 아는 자는 우리의 말을 듣고 하나님
께 속하지 아니한 자는 우리의 말을 듣
지 아니하나니 진리의 영과 미혹의 영을
이로써 아느니라

하나님은 사랑이시다

하나님은 사랑이시다

7 사랑하는 자들아 우리가 서로 사랑
하자 사랑은 하나님께 속한 것이니 사랑
하는 자마다 하나님으로부터 나서 하나
님을 알고

8 사랑하지 아니하는 자는 하나님을 알
지 못하나니 이는 하나님은 사랑이심이라

9 하나님의 사랑이 우리에게 이렇게
나타난 바 되었으니 하나님이 자기의 독
생자를 세상에 보내심은 그로 말미암아
우리를 살리려 하심이라

10 사랑은 여기 있으니 우리가 하나님
을 사랑한 것이 아니요 하나님이 우리를
사랑하사 우리 죄를 속하기 위하여 화목
제물로 그 아들을 보내셨음이라

11 사랑하는 자들아 하나님이 이같이
우리를 사랑하셨은즉 우리도 서로 사랑
하는 것이 마땅하도다

12 어느 때나 하나님을 본 사람이 없으
되 만일 우리가 서로 사랑하면 하나님이
우리 안에 거하시고 그의 사랑이 우리
안에 온전히 이루어지느니라

13 그의 성령을 우리에게 주시므로 우
리가 그 안에 거하고 그가 우리 안에 거
하시는 줄을 아느니라

14 아버지가 아들을 세상의 구주로 보
내신 것을 우리가 보았고 또 증언하노니

15 누구든지 예수를 하나님의 아들이라
시인하면 하나님이 그의 안에 거하시고
그도 하나님 안에 거하느니라

16 하나님이 우리를 사랑하시는 사랑을
우리가 알고 믿었노니 하나님은 사랑이
시라 사랑 안에 거하는 자는 하나님 안
에 거하고 하나님도 그의 안에 거하시느
니라

17 이로써 사랑이 우리에게 온전히 이
루어진 것은 우리로 심판 날에 담대함을
가지게 하려 함이니 주께서 그러하심과
같이 우리도 이 세상에서 그러하니라

18 사랑 안에 두려움이 없고 온전한 사
랑이 두려움을 내쫓나니 두려움에는 형
벌이 있음이라 두려워하는 자는 사랑 안
에서 온전히 이루지 못하였느니라

19 우리가 사랑함은 그가 먼저 우리를
사랑하셨음이라

20 누구든지 하나님을 사랑하노라 하고
그 형제를 미워하면 이는 거짓말하는 자
니 보는 바 그 형제를 사랑하지 아니하
는 자는 보지 못하는 바 하나님을 사랑
할 수 없느니라

21 우리가 이 계명을 주께 받았나니 하
나님을 사랑하는 자는 또한 그 형제를
사랑할지니라

세상을 이기는 믿음

5 예수께서 그리스도이심을 믿는 자마
다 하나님께로부터 난 자니 또한 낳
으신 이를 사랑하는 자마다 그에게서 난
자를 사랑하느니라

2 우리가 하나님을 사랑하고 그의 계
명들을 지킬 때에 이로써 우리가 하나님
의 자녀를 사랑하는 줄을 아느니라

3 하나님을 사랑하는 것은 이것이니
우리가 그의 계명들을 지키는 것이라 그
의 계명들은 무거운 것이 아니로다

4 무릇 하나님께로부터 난 자마다 세
상을 이기느니라 세상을 이기는 승리는
이것이니 우리의 믿음이니라

5 예수께서 하나님의 아들이심을 믿는
자가 아니면 세상을 이기는 자가 누구냐

6 이는 물과 피로 임하신 이시니 곧 예
수 그리스도시라 물로만 아니요 물과 피
로 임하셨고 증언하는 이는 성령이시니
성령은 진리니라

7 증언하는 이가 셋이니

8 성령과 물과 피라 또한 이 셋은 합하
여 하나이니라

9 만일 우리가 사람들의 증언을 받을
진대 하나님의 증거는 더욱 크도다 하나
님의 증거는 이것이니 그의 아들에 대하
여 증언하신 것이니라

10 하나님의 아들을 믿는 자는 자기 안
에 증거가 있고 하나님을 믿지 아니하
는 자는 하나님을 거짓말하는 자로 만드
나니 이는 하나님께서 그 아들에 대하여
증언하신 증거를 믿지 아니하였음이라

11 또 증거는 이것이니 하나님이 우리
에게 영생을 주신 것과 이 생명이 그의
아들 안에 있는 그것이니라

12 아들이 있는 자에게는 생명이 있고
하나님의 아들이 없는 자에게는 생명이
없느니라

세상을 이기는 믿음

영생을 알게 하려 함이라

13 내가 하나님의 아들의 이름을 믿는
너희에게 이것을 쓰는 것은 너희로 하여
금 너희에게 영생이 있음을 알게 하려
함이라

14 그를 향하여 우리가 가진 바 담대함
이 이것이니 그의 뜻대로 무엇을 구하면
들으심이라

15 우리가 무엇이든지 구하는 바를 들
으시는 줄을 안즉 우리가 그에게 구한
그것을 얻은 줄을 또한 아느니라

16 누구든지 형제가 사망에 이르지 아
니하는 죄 범하는 것을 보거든 구하라
그리하면 사망에 이르지 아니하는 범죄
자들을 위하여 그에게 생명을 주시리라
사망에 이르는 죄가 있으니 이에 관하여
나는 구하라 하지 않노라

17 모든 불의가 죄로되 사망에 이르지
아니하는 죄도 있도다

18 하나님께로부터 난 자는 다 범죄하
지 아니하는 줄을 우리가 아노라 하나님
께로부터 나신 자가 그를 지키시매 악한
자가 그를 만지지도 못하느니라

19 또 아는 것은 우리는 하나님께 속하
고 온 세상은 악한 자 안에 처한 것이며

20 또 아는 것은 하나님의 아들이 이르
러 우리에게 지각을 주사 우리로 참된
자를 알게 하신 것과 또한 우리가 참된
자 곧 그의 아들 예수 그리스도 안에 있
는 것이니 그는 참 하나님이시요 영생이
시라

21 자녀들아 너희 자신을 지켜 우상에
게서 멀리하라

영생을 알게 하려 함이라

요한이서 2John

인사

1 장로인 나는 택하심을 받은 부녀와
그의 자녀들에게 편지하노니 내가 참
으로 사랑하는 자요 나뿐 아니라 진리를
아는 모든 자도 그리하는 것은
2 우리 안에 거하여 영원히 우리와 함
께 할 진리로 말미암음이로다
3 은혜와 긍휼과 평강이 하나님 아버
지와 아버지의 아들 예수 그리스도께로
부터 진리와 사랑 가운데서 우리와 함께
있으리라

진리와 사랑

4 너의 자녀들 중에 우리가 아버지께
받은 계명대로 진리를 행하는 자를 내가
보니 심히 기쁘도다
5 부녀여, 내가 이제 네게 구하노니 서
로 사랑하자 이는 새 계명 같이 네게 쓰
는 것이 아니요 처음부터 우리가 가진
것이라
6 또 사랑은 이것이니 우리가 그 계명
을 따라 행하는 것이요 계명은 이것이니
너희가 처음부터 들은 바와 같이 그 가
운데서 행하라 하심이라
7 미혹하는 자가 세상에 많이 나왔나
니 이는 예수 그리스도께서 육체로 오심
을 부인하는 자라 이런 자가 미혹하는
자요 적그리스도니
8 너희는 스스로 삼가 우리가 일한 것
을 잃지 말고 오직 온전한 상을 받으라
9 지나쳐 그리스도의 교훈 안에 거하
지 아니하는 자는 다 하나님을 모시지
못하되 교훈 안에 거하는 그 사람은 아
버지와 아들을 모시느니라

인사

진리와 사랑

10 누구든지 이 교훈을 가지지 않고 너
희에게 나아가거든 그를 집에 들이지도
말고 인사도 하지 말라

11 그에게 인사하는 자는 그 악한 일에
참여하는 자임이라

끝 인사

12 내가 너희에게 쓸 것이 많으나 종이
와 먹으로 쓰기를 원하지 아니하고 오히
려 너희에게 가서 대면하여 말하려 하니
이는 너희 기쁨을 충만하게 하려 함이라

13 택하심을 받은 네 자매의 자녀들이
네게 문안하느니라

끝 인사

요한삼서 3John

인사

1 장로인 나는 사랑하는 가이오 곧 내
가 참으로 사랑하는 자에게 편지하노
라
2 사랑하는 자여 네 영혼이 잘됨 같이
네가 범사에 잘되고 강건하기를 내가 간
구하노라
3 형제들이 와서 네게 있는 진리를 증
언하되 네가 진리 안에서 행한다 하니
내가 심히 기뻐하노라
4 내가 내 자녀들이 진리 안에서 행한다
함을 듣는 것보다 더 기쁜 일이 없도다

영접함과 내쫓음

5 사랑하는 자여 네가 무엇이든지 형
제 곧 나그네 된 자들에게 행하는 것은
신실한 일이니
6 그들이 교회 앞에서 너의 사랑을 증
언하였느니라 네가 하나님께 합당하게
그들을 전송하면 좋으리로다
7 이는 그들이 주의 이름을 위하여 나
가서 이방인에게 아무 것도 받지 아니함
이라
8 그러므로 우리가 이같은 자들을 영
접하는 것이 마땅하니 이는 우리로 진리
를 위하여 함께 일하는 자가 되게 하려
함이라
9 내가 두어 자를 교회에 썼으나 그들
중에 으뜸되기를 좋아하는 디오드레베
가 우리를 맞아들이지 아니하니
10 그러므로 내가 가면 그 행한 일을 잊
지 아니하리라 그가 악한 말로 우리를
비방하고도 오히려 부족하여 형제들을
맞아들이지도 아니하고 맞아들이고자
하는 자를 금하여 교회에서 내쫓는도다

인사

영접함과 내쫓음

11 사랑하는 자여 악한 것을 본받지 말
고 선한 것을 본받으라 선을 행하는 자
는 하나님께 속하고 악을 행하는 자는
하나님을 뵈옵지 못하였느니라

12 데메드리오는 뭇 사람에게도, 진리
에게서도 증거를 받았으매 우리도 증언
하노니 너는 우리의 증언이 참된 줄을
아느니라

끝 인사

13 내가 네게 쓸 것이 많으나 먹과 붓으
로 쓰기를 원하지 아니하고

14 속히 보기를 바라노니 또한 우리가
대면하여 말하리라

15 평강이 네게 있을지어다 여러 친구
가 네게 문안하느니라 너는 친구들의 이
름을 들어 문안하라

끝 인사

유다서 Jude

인사

1 예수 그리스도의 종이요 야고보의 형
제인 유다는 부르심을 받은 자 곧 하
나님 아버지 안에서 사랑을 얻고 예수
그리스도를 위하여 지키심을 받은 자
들에게 편지하노라

2 긍휼과 평강과 사랑이 너희에게 더
욱 많을지어다

거짓 교사들에게 내릴 심판(벧후 2:1-17)

3 사랑하는 자들아 우리가 일반으로
받은 구원에 관하여 내가 너희에게 편지
하려는 생각이 간절하던 차에 성도에게
단번에 주신 믿음의 도를 위하여 힘써
싸우라는 편지로 너희를 권하여야 할 필
요를 느꼈노니

4 이는 가만히 들어온 사람 몇이 있음
이라 그들은 옛적부터 이 판결을 받기로
미리 기록된 자니 경건하지 아니하여 우
리 하나님의 은혜를 도리어 방탕한 것으
로 바꾸고 홀로 하나이신 주재 곧 우리
주 예수 그리스도를 부인하는 자니라

5 너희가 본래 모든 사실을 알고 있으
나 내가 너희로 다시 생각나게 하고자
하노라 주께서 백성을 애굽에서 구원하
여 내시고 후에 믿지 아니하는 자들을
멸하셨으며

6 또 자기 지위를 지키지 아니하고 자
기 처소를 떠난 천사들을 큰 날의 심판
까지 영원한 결박으로 흑암에 가두셨으
며

7 소돔과 고모라와 그 이웃 도시들도
그들과 같은 행동으로 음란하며 다른 육
체를 따라 가다가 영원한 불의 형벌을
받음으로 거울이 되었느니라

인사

거짓 교사들에게 내릴 심판(벧후 2:1-17)

8 그러한데 꿈꾸는 이 사람들도 그와
같이 육체를 더럽히며 권위를 업신여기
며 영광을 비방하는도다

9 천사장 미가엘이 모세의 시체에 관
하여 마귀와 다투어 변론할 때에 감히
비방하는 판결을 내리지 못하고 다만 말
하되 주께서 너를 꾸짖으시기를 원하노
라 하였거늘

10 이 사람들은 무엇이든지 그 알지 못
하는 것을 비방하는도다 또 그들은 이성
없는 짐승 같이 본능으로 아는 그것으로
멸망하느니라

11 화 있을진저 이 사람들이여, 가인의
길에 행하였으며 삯을 위하여 발람의 어
그러진 길로 몰려 갔으며 고라의 패역을
따라 멸망을 받았도다

12 그들은 기탄 없이 너희와 함께 먹으
니 너희의 애찬에 암초요 자기 몸만 기
르는 목자요 바람에 불려가는 물 없는
구름이요 죽고 또 죽어 뿌리까지 뽑힌
열매 없는 가을 나무요

13 자기 수치의 거품을 뿜는 바다의 거
친 물결이요 영원히 예비된 캄캄한 흑암
으로 돌아갈 유리하는 별들이라

14 아담의 칠대 손 에녹이 이 사람들에
대하여도 예언하여 이르되 보라 주께서
그 수만의 거룩한 자와 함께 임하셨나니

15 이는 뭇 사람을 심판하사 모든 경건
하지 않은 자가 경건하지 않게 행한 모
든 경건하지 않은 일과 또 경건하지 않
은 죄인들이 주를 거슬러 한 모든 완악
한 말로 말미암아 그들을 정죄하려 하심
이라 하였느니라

16 이 사람들은 원망하는 자며 불만을
토하는 자며 그 정욕대로 행하는 자라
그 입으로 자랑하는 말을 하며 이익을
위하여 아첨하느니라

훈계와 권면

17 사랑하는 자들아 너희는 우리 주 예
수 그리스도의 사도들이 미리 한 말을
기억하라

18 그들이 너희에게 말하기를 마지막
때에 자기의 경건하지 않은 정욕대로 행
하며 조롱하는 자들이 있으리라 하였나
니

19 이 사람들은 분열을 일으키는 자며
육에 속한 자며 성령이 없는 자니라

20 사랑하는 자들아 너희는 너희의 지
극히 거룩한 믿음 위에 자신을 세우며
성령으로 기도하며

21 하나님의 사랑 안에서 자신을 지키
며 영생에 이르도록 우리 주 예수 그리
스도의 긍휼을 기다리라

22 어떤 의심하는 자들을 긍휼히 여기
라

23 또 어떤 자를 불에서 끌어내어 구원
하라 또 어떤 자를 그 육체로 더럽힌 옷
까지도 미워하되 두려움으로 긍휼히 여
기라

축복

24 능히 너희를 보호하사 거침이 없게
하시고 너희로 그 영광 앞에 흠이 없이
기쁨으로 서게 하실 이

25 곧 우리 구주 홀로 하나이신 하나님
께 우리 주 예수 그리스도로 말미암아
영광과 위엄과 권력과 권세가 영원 전부
터 이제와 영원토록 있을지어다 아멘

훈계와 권면

축복

손글씨 성경

요한계시록 Revelation

표제와 인사

표제와 인사

1 예수 그리스도의 계시라 이는 하나님
이 그에게 주사 반드시 속히 일어날
일들을 그 종들에게 보이시려고 그의 천
사를 그 종 요한에게 보내어 알게 하신
것이라

2 요한은 하나님의 말씀과 예수 그리
스도의 증거 곧 자기가 본 것을 다 증언
하였느니라

3 이 예언의 말씀을 읽는 자와 듣는 자
와 그 가운데에 기록한 것을 지키는 자
는 복이 있나니 때가 가까움이라

4 요한은 아시아에 있는 일곱 교회에
편지하노니 이제도 계시고 전에도 계셨
고 장차 오실 이와 그의 보좌 앞에 있는
일곱 영과

5 또 충성된 증인으로 죽은 자들 가운
데에서 먼저 나시고 땅의 임금들의 머리
가 되신 예수 그리스도로 말미암아 은혜
와 평강이 너희에게 있기를 원하노라 우
리를 사랑하사 그의 피로 우리 죄에서
우리를 해방하시고

6 그의 아버지 하나님을 위하여 우리
를 나라와 제사장으로 삼으신 그에게 영
광과 능력이 세세토록 있기를 원하노라
아멘

7 볼지어다 그가 구름을 타고 오시리
라 각 사람의 눈이 그를 보겠고 그를 찌
른 자들도 볼 것이요 땅에 있는 모든 족
속이 그로 말미암아 애곡하리니 그러하
리라 아멘

8 주 하나님이 이르시되 나는 알파와
오메가라 이제도 있고 전에도 있었고 장
차 올 자요 전능한 자라 하시더라

그리스도의 명령

그리스도의 명령

9 나 요한은 너희 형제요 예수의 환난
과 나라와 참음에 동참하는 자라 하나님
의 말씀과 예수를 증언하였음으로 말미
암아 밧모라 하는 섬에 있었더니

10 주의 날에 내가 성령에 감동되어 내
뒤에서 나는 나팔 소리 같은 큰 음성을
들으니

11 이르되 네가 보는 것을 두루마리에
써서 에베소, 서머나, 버가모, 두아디라,
사데, 빌라델비아, 라오디게아 등 일곱
교회에 보내라 하시기로

12 몸을 돌이켜 나에게 말한 음성을 알
아 보려고 돌이킬 때에 일곱 금 촛대를
보았는데

13 촛대 사이에 인자 같은 이가 발에 끌
리는 옷을 입고 가슴에 금띠를 띠고

14 그의 머리와 털의 희기가 흰 양털 같
고 눈 같으며 그의 눈은 불꽃 같고

15 그의 발은 풀무불에 단련한 빛난 주석
같고 그의 음성은 많은 물 소리와 같으며

16 그의 오른손에 일곱 별이 있고 그의
입에서 좌우에 날선 검이 나오고 그 얼
굴은 해가 힘있게 비치는 것 같더라

17 내가 볼 때에 그의 발 앞에 엎드러져
죽은 자 같이 되매 그가 오른손을 내게
얹고 이르시되 두려워하지 말라 나는 처
음이요 마지막이니

18 곧 살아 있는 자라 내가 전에 죽었었노
라 볼지어다 이제 세세토록 살아 있어 사
망과 음부의 열쇠를 가졌노니

19 그러므로 네가 본 것과 지금 있는 일
과 장차 될 일을 기록하라

20 네가 본 것은 내 오른손의 일곱 별의
비밀과 또 일곱 금 촛대라 일곱 별은 일
곱 교회의 사자요 일곱 촛대는 일곱 교
회니라

에베소 교회에 보내는 말씀

2 에베소 교회의 사자에게 편지하라 오
른손에 있는 일곱 별을 붙잡고 일곱
금 촛대 사이를 거니시는 이가 이르시되

2 내가 네 행위와 수고와 네 인내를 알
고 또 악한 자들을 용납하지 아니한 것과
자칭 사도라 하되 아닌 자들을 시험하여
그의 거짓된 것을 네가 드러낸 것과

3 또 네가 참고 내 이름을 위하여 견디
고 게으르지 아니한 것을 아노라

4 그러나 너를 책망할 것이 있나니 너
의 처음 사랑을 버렸느니라

5 그러므로 어디서 떨어졌는지를 생각
하고 회개하여 처음 행위를 가지라 만일
그리하지 아니하고 회개하지 아니하면
내가 네게 가서 네 촛대를 그 자리에서
옮기리라

6 오직 네게 이것이 있으니 네가 니골
라 당의 행위를 미워하는도다 나도 이것
을 미워하노라

7 귀 있는 자는 성령이 교회들에게 하
시는 말씀을 들을지어다 이기는 그에게
는 내가 하나님의 낙원에 있는 생명나무
의 열매를 주어 먹게 하리라

서머나 교회에 보내는 말씀

8 서머나 교회의 사자에게 편지하라
처음이며 마지막이요 죽었다가 살아나
신 이가 이르시되

9 내가 네 환난과 궁핍을 알거니와 실
상은 네가 부요한 자니라 자칭 유대인이
라 하는 자들의 비방도 알거니와 실상은
유대인이 아니요 사탄의 회당이라

10 너는 장차 받을 고난을 두려워하지
말라 볼지어다 마귀가 장차 너희 가운데
에서 몇 사람을 옥에 던져 시험을 받게
하리니 너희가 십 일 동안 환난을 받으
리라 네가 죽도록 충성하라 그리하면 내
가 생명의 관을 네게 주리라

에베소 교회에 보내는 말씀

서머나 교회에 보내는 말씀

11 귀 있는 자는 성령이 교회들에게 하
시는 말씀을 들을지어다 이기는 자는 둘
째 사망의 해를 받지 아니하리라

버가모 교회에 보내는 말씀

12 버가모 교회의 사자에게 편지하라
좌우에 날선 검을 가지신 이가 이르시되

13 네가 어디에 사는지를 내가 아노니 거
기는 사탄의 권좌가 있는 데라 네가 내 이
름을 굳게 잡아서 내 충성된 증인 안디바
가 너희 가운데 곧 사탄이 사는 곳에서 죽
임을 당할 때에도 나를 믿는 믿음을 저버
리지 아니하였도다

14 그러나 네게 두어 가지 책망할 것이 있
나니 거기 네게 발람의 교훈을 지키는 자
들이 있도다 발람이 발락을 가르쳐 이스라
엘 자손 앞에 걸림돌을 놓아 우상의 제물
을 먹게 하였고 또 행음하게 하였느니라

15 이와 같이 네게도 니골라 당의 교훈
을 지키는 자들이 있도다

16 그러므로 회개하라 그리하지 아니하
면 내가 네게 속히 가서 내 입의 검으로
그들과 싸우리라

17 귀 있는 자는 성령이 교회들에게 하
시는 말씀을 들을지어다 이기는 그에게
는 내가 감추었던 만나를 주고 또 흰 돌
을 줄 터인데 그 돌 위에 새 이름을 기록
한 것이 있나니 받는 자 밖에는 그 이름
을 알 사람이 없느니라

두아디라 교회에 보내는 말씀

18 두아디라 교회의 사자에게 편지하라
그 눈이 불꽃 같고 그 발이 빛난 주석과
같은 하나님의 아들이 이르시되

19 내가 네 사업과 사랑과 믿음과 섬김
과 인내를 아노니 네 나중 행위가 처음
것보다 많도다

20 그러나 네게 책망할 일이 있노라 자칭
선지자라 하는 여자 이세벨을 네가 용납
함이니 그가 내 종들을 가르쳐 꾀어 행음
하게 하고 우상의 제물을 먹게 하는도다

버가모 교회에 보내는 말씀

두아디라 교회에 보내는 말씀

21 또 내가 그에게 회개할 기회를 주었
으되 자기의 음행을 회개하고자 하지 아
니하는도다

22 볼지어다 내가 그를 침상에 던질 터
이요 또 그와 더불어 간음하는 자들도
만일 그의 행위를 회개하지 아니하면 큰
환난 가운데에 던지고

23 또 내가 사망으로 그의 자녀를 죽이
리니 모든 교회가 나는 사람의 뜻과 마
음을 살피는 자인 줄 알지라 내가 너희
각 사람의 행위대로 갚아 주리라

24 두아디라에 남아 있어 이 교훈을 받
지 아니하고 소위 사탄의 깊은 것을 알
지 못하는 너희에게 말하노니 다른 짐으
로 너희에게 지울 것은 없노라

25 다만 너희에게 있는 것을 내가 올 때
까지 굳게 잡으라

26 이기는 자와 끝까지 내 일을 지키는
그에게 만국을 다스리는 권세를 주리니

27 그가 철장을 가지고 그들을 다스려
질그릇 깨뜨리는 것과 같이 하리라 나도
내 아버지께 받은 것이 그러하니라

28 내가 또 그에게 새벽 별을 주리라

29 귀 있는 자는 성령이 교회들에게 하
시는 말씀을 들을지어다

사데 교회에 보내는 말씀

3 사데 교회의 사자에게 편지하라 하
나님의 일곱 영과 일곱 별을 가지신
이가 이르시되 내가 네 행위를 아노니
네가 살았다 하는 이름은 가졌으나 죽은
자로다

2 너는 일깨어 그 남은 바 죽게 된 것을
굳건하게 하라 내 하나님 앞에 네 행위
의 온전한 것을 찾지 못하였노니

3 그러므로 네가 어떻게 받았으며 어
떻게 들었는지 생각하고 지켜 회개하라
만일 일깨지 아니하면 내가 도둑 같이
이르리니 어느 때에 네게 이를는지 네가
알지 못하리라

사데 교회에 보내는 말씀

4 그러나 사데에 그 옷을 더럽히지 아
니한 자 몇 명이 네게 있어 흰 옷을 입고
나와 함께 다니리니 그들은 합당한 자인
연고라

5 이기는 자는 이와 같이 흰 옷을 입을
것이요 내가 그 이름을 생명책에서 결코
지우지 아니하고 그 이름을 내 아버지
앞과 그의 천사들 앞에서 시인하리라

6 귀 있는 자는 성령이 교회들에게 하
시는 말씀을 들을지어다

빌라델비아 교회에 보내는 말씀

7 빌라델비아 교회의 사자에게 편지하
라 거룩하고 진실하사 다윗의 열쇠를 가
지신 이 곧 열면 닫을 사람이 없고 닫으
면 열 사람이 없는 그가 이르시되

8 볼지어다 내가 네 앞에 열린 문을 두
었으되 능히 닫을 사람이 없으리라 내가
네 행위를 아노니 네가 작은 능력을 가
지고서도 내 말을 지키며 내 이름을 배
반하지 아니하였도다

9 보라 사탄의 회당 곧 자칭 유대인이
라 하나 그렇지 아니하고 거짓말 하는
자들 중에서 몇을 네게 주어 그들로 와
서 네 발 앞에 절하게 하고 내가 너를 사
랑하는 줄을 알게 하리라

10 네가 나의 인내의 말씀을 지켰은즉
내가 또한 너를 지켜 시험의 때를 면하
게 하리니 이는 장차 온 세상에 임하여
땅에 거하는 자들을 시험할 때라

11 내가 속히 오리니 네가 가진 것을 굳
게 잡아 아무도 네 면류관을 빼앗지 못
하게 하라

12 이기는 자는 내 하나님 성전에 기둥
이 되게 하리니 그가 결코 다시 나가지
아니하리라 내가 하나님의 이름과 하나
님의 성 곧 하늘에서 내 하나님께로부터
내려오는 새 예루살렘의 이름과 나의 새
이름을 그이 위에 기록하리라

빌라델비아 교회에 보내는 말씀

13 귀 있는 자는 성령이 교회들에게 하
시는 말씀을 들을지어다

라오디게아 교회에 보내는 말씀

14 라오디게아 교회의 사자에게 편지하
라 아멘이시요 충성되고 참된 증인이시
요 하나님의 창조의 근본이신 이가 이르
시되

15 내가 네 행위를 아노니 네가 차지도
아니하고 뜨겁지도 아니하도다 네가 차
든지 뜨겁든지 하기를 원하노라

16 네가 이같이 미지근하여 뜨겁지도
아니하고 차지도 아니하니 내 입에서 너
를 토하여 버리리라

17 네가 말하기를 나는 부자라 부요하
여 부족한 것이 없다 하나 네 곤고한 것
과 가련한 것과 가난한 것과 눈 먼 것과
벌거벗은 것을 알지 못하는도다

18 내가 너를 권하노니 내게서 불로 연
단한 금을 사서 부요하게 하고 흰 옷을
사서 입어 벌거벗은 수치를 보이지 않게
하고 안약을 사서 눈에 발라 보게 하라

19 무릇 내가 사랑하는 자를 책망하여
징계하노니 그러므로 네가 열심을 내라
회개하라

20 볼지어다 내가 문 밖에 서서 두드리
노니 누구든지 내 음성을 듣고 문을 열
면 내가 그에게로 들어가 그와 더불어
먹고 그는 나와 더불어 먹으리라

21 이기는 그에게는 내가 내 보좌에 함
께 앉게 하여 주기를 내가 이기고 아버
지 보좌에 함께 앉은 것과 같이 하리라

22 귀 있는 자는 성령이 교회들에게 하
시는 말씀을 들을지어다

하늘의 예배

4 이 일 후에 내가 보니 하늘에 열린 문
이 있는데 내가 들은 바 처음에 내게
말하던 나팔 소리 같은 그 음성이 이르되
이리로 올라오라 이 후에 마땅히 일어날
일들을 내가 네게 보이리라 하시더라

라오디게아 교회에 보내는 말씀

하늘의 예배

2 내가 곧 성령에 감동되었더니 보라
하늘에 보좌를 베풀었고 그 보좌 위에
앉으신 이가 있는데

3 앉으신 이의 모양이 벽옥과 홍보석
같고 또 무지개가 있어 보좌에 둘렸는데
그 모양이 녹보석 같더라

4 또 보좌에 둘려 이십사 보좌들이 있
고 그 보좌들 위에 이십사 장로들이 흰
옷을 입고 머리에 금관을 쓰고 앉았더라

5 보좌로부터 번개와 음성과 우렛소리
가 나고 보좌 앞에 켠 등불 일곱이 있으
니 이는 하나님의 일곱 영이라

6 보좌 앞에 수정과 같은 유리 바다가
있고 보좌 가운데와 보좌 주위에 네 생
물이 있는데 앞뒤에 눈들이 가득하더라

7 그 첫째 생물은 사자 같고 그 둘째 생
물은 송아지 같고 그 셋째 생물은 얼굴
이 사람 같고 그 넷째 생물은 날아가는
독수리 같은데

8 네 생물은 각각 여섯 날개를 가졌고
그 안과 주위에는 눈들이 가득하더라 그
들이 밤낮 쉬지 않고 이르기를 거룩하다
거룩하다 거룩하다 주 하나님 곧 전능하
신 이여 전에도 계셨고 이제도 계시고
장차 오실 이시라 하고

9 그 생물들이 보좌에 앉으사 세세토
록 살아 계시는 이에게 영광과 존귀와
감사를 돌릴 때에

10 이십사 장로들이 보좌에 앉으신 이
앞에 엎드려 세세토록 살아 계시는 이에
게 경배하고 자기의 관을 보좌 앞에 드
리며 이르되

11 우리 주 하나님이여 영광과 존귀와 권
능을 받으시는 것이 합당하오니 주께서
만물을 지으신지라 만물이 주의 뜻대로
있었고 또 지으심을 받았나이다 하더라

책과 어린 양

책과 어린 양

5 내가 보매 보좌에 앉으신 이의 오른
손에 두루마리가 있으니 안팎으로
썼고 일곱 인으로 봉하였더라

2 또 보매 힘있는 천사가 큰 음성으로
외치기를 누가 그 두루마리를 펴며 그
인을 떼기에 합당하냐 하나

3 하늘 위에나 땅 위에나 땅 아래에 능
히 그 두루마리를 펴거나 보거나 할 자
가 없더라

4 그 두루마리를 펴거나 보거나 하기
에 합당한 자가 보이지 아니하기로 내가
크게 울었더니

5 장로 중의 한 사람이 내게 말하되 울
지 말라 유대 지파의 사자 다윗의 뿌리
가 이겼으니 그 두루마리와 그 일곱 인
을 떼시리라 하더라

6 내가 또 보니 보좌와 네 생물과 장로
들 사이에 한 어린 양이 서 있는데 일찍
이 죽임을 당한 것 같더라 그에게 일곱
뿔과 일곱 눈이 있으니 이 눈들은 온 땅
에 보내심을 받은 하나님의 일곱 영이더
라

7 그 어린 양이 나아와서 보좌에 앉으
신 이의 오른손에서 두루마리를 취하시
니라

8 그 두루마리를 취하시매 네 생물과
이십사 장로들이 그 어린 양 앞에 엎드
려 각각 거문고와 향이 가득한 금 대접
을 가졌으니 이 향은 성도의 기도들이라

9 그들이 새 노래를 불러 이르되 두루
마리를 가지시고 그 인봉을 떼기에 합당
하시도다 일찍이 죽임을 당하사 각 족속
과 방언과 백성과 나라 가운데에서 사람
들을 피로 사서 하나님께 드리시고

10 그들로 우리 하나님 앞에서 나라와
제사장들을 삼으셨으니 그들이 땅에서
왕 노릇 하리로다 하더라

11 내가 또 보고 들으매 보좌와 생물들
과 장로들을 둘러 선 많은 천사의 음성
이 있으니 그 수가 만만이요 천천이라

12 큰 음성으로 이르되 죽임을 당하신
어린 양은 능력과 부와 지혜와 힘과 존
귀와 영광과 찬송을 받으시기에 합당하
도다 하더라

13 내가 또 들으니 하늘 위에와 땅 위에
와 땅 아래와 바다 위에와 또 그 가운데
모든 피조물이 이르되 보좌에 앉으신 이
와 어린 양에게 찬송과 존귀와 영광과
권능을 세세토록 돌릴지어다 하니

14 네 생물이 이르되 아멘 하고 장로들
은 엎드려 경배하더라

일곱 봉인에 담긴 심판

6 내가 보매 어린 양이 일곱 인 중의
하나를 떼시는데 그 때에 내가 들으
니 네 생물 중의 하나가 우렛소리 같이
말하되 오라 하기로

2 이에 내가 보니 흰 말이 있는데 그 탄
자가 활을 가졌고 면류관을 받고 나아가
서 이기고 또 이기려고 하더라

3 둘째 인을 떼실 때에 내가 들으니 둘
째 생물이 말하되 오라 하니

4 이에 다른 붉은 말이 나오더라 그 탄
자가 허락을 받아 땅에서 화평을 제하여
버리며 서로 죽이게 하고 또 큰 칼을 받
았더라

5 셋째 인을 떼실 때에 내가 들으니 셋
째 생물이 말하되 오라 하기로 내가 보
니 검은 말이 나오는데 그 탄 자가 손에
저울을 가졌더라

6 내가 네 생물 사이로부터 나는 듯한
음성을 들으니 이르되 한 데나리온에 밀
한 되요 한 데나리온에 보리 석 되로다 또
감람유와 포도주는 해치지 말라 하더라

7 넷째 인을 떼실 때에 내가 넷째 생물
의 음성을 들으니 말하되 오라 하기로

일곱 봉인에 담긴 심판

8 내가 보매 청황색 말이 나오는데 그
탄 자의 이름은 사망이니 음부가 그 뒤
를 따르더라 그들이 땅 사분의 일의 권
세를 얻어 검과 흉년과 사망과 땅의 짐
승들로써 죽이더라

9 다섯째 인을 떼실 때에 내가 보니 하나
님의 말씀과 그들이 가진 증거로 말미암아
죽임을 당한 영혼들이 제단 아래에 있어

10 큰 소리로 불러 이르되 거룩하고 참
되신 대주재여 땅에 거하는 자들을 심판
하여 우리 피를 갚아 주지 아니하시기를
어느 때까지 하시려 하나이까 하니

11 각각 그들에게 흰 두루마기를 주시며
이르시되 아직 잠시 동안 쉬되 그들의
동무 종들과 형제들도 자기처럼 죽임을
당하여 그 수가 차기까지 하라 하시더라

12 내가 보니 여섯째 인을 떼실 때에 큰
지진이 나며 해가 검은 털로 짠 상복 같
이 검어지고 달은 온통 피 같이 되며

13 하늘의 별들이 무화과나무가 대풍에
흔들려 설익은 열매가 떨어지는 것 같이
땅에 떨어지며

14 하늘은 두루마리가 말리는 것 같이
떠나가고 각 산과 섬이 제 자리에서 옮
겨지매

15 땅의 임금들과 왕족들과 장군들과
부자들과 강한 자들과 모든 종과 자유인
이 굴과 산들의 바위 틈에 숨어

16 산들과 바위에게 말하되 우리 위에
떨어져 보좌에 앉으신 이의 얼굴에서와
그 어린 양의 진노에서 우리를 가리라

17 그들의 진노의 큰 날이 이르렀으니
누가 능히 서리요 하더라

인치심을 받은 십사만 사천 명

7 이 일 후에 내가 네 천사가 땅 네 모
퉁이에 선 것을 보니 땅의 사방의 바
람을 붙잡아 바람으로 하여금 땅에나 바
다에나 각종 나무에 불지 못하게 하더라

인치심을 받은 십사만 사천 명

2 또 보매 다른 천사가 살아 계신 하나
님의 인을 가지고 해 돋는 데로부터 올
라와서 땅과 바다를 해롭게 할 권세를
받은 네 천사를 향하여 큰 소리로 외쳐

3 이르되 우리가 우리 하나님의 종들
의 이마에 인치기까지 땅이나 바다나 나
무들을 해하지 말라 하더라

4 내가 인침을 받은 자의 수를 들으니
이스라엘 자손의 각 지파 중에서 인침을
받은 자들이 십사만 사천이니

각 나라에서 온 무리

5 유다 지파 중에 인침을 받은 자가 일
만 이천이요 르우벤 지파 중에 일만 이
천이요 갓 지파 중에 일만 이천이요

6 아셀 지파 중에 일만 이천이요 납달
리 지파 중에 일만 이천이요 므낫세 지
파 중에 일만 이천이요

7 시므온 지파 중에 일만 이천이요 레
위 지파 중에 일만 이천이요 잇사갈 지
파 중에 일만 이천이요

8 스불론 지파 중에 일만 이천이요 요
셉 지파 중에 일만 이천이요 베냐민 지
파 중에 인침을 받은 자가 일만 이천이
라

9 이 일 후에 내가 보니 각 나라와 족속
과 백성과 방언에서 아무도 능히 셀 수
없는 큰 무리가 나와 흰 옷을 입고 손에
종려 가지를 들고 보좌 앞과 어린 양 앞
에 서서

10 큰 소리로 외쳐 이르되 구원하심이
보좌에 앉으신 우리 하나님과 어린 양에
게 있도다 하니

11 모든 천사가 보좌와 장로들과 네 생
물의 주위에 서 있다가 보좌 앞에 엎드
려 얼굴을 대고 하나님께 경배하여

12 이르되 아멘 찬송과 영광과 지혜와
감사와 존귀와 권능과 힘이 우리 하나님
께 세세토록 있을지어다 아멘 하더라

각 나라에서 온 무리

13 장로 중 하나가 응답하여 나에게 이
르되 이 흰 옷 입은 자들이 누구며 또 어
디서 왔느냐

14 내가 말하기를 내 주여 당신이 아시
나이다 하니 그가 나에게 이르되 이는
큰 환난에서 나오는 자들인데 어린 양의
피에 그 옷을 씻어 희게 하였느니라

15 그러므로 그들이 하나님의 보좌 앞
에 있고 또 그의 성전에서 밤낮 하나님
을 섬기매 보좌에 앉으신 이가 그들 위
에 장막을 치시리니

16 그들이 다시는 주리지도 아니하며
목마르지도 아니하고 해나 아무 뜨거운
기운에 상하지도 아니하리니

17 이는 보좌 가운데에 계신 어린 양이
그들의 목자가 되사 생명수 샘으로 인도
하시고 하나님께서 그들의 눈에서 모든
눈물을 씻어 주실 것임이라

일곱째 봉인과 금 향로

8 일곱째 인을 떼실 때에 하늘이 반
시간쯤 고요하더니

2 내가 보매 하나님 앞에 일곱 천사가
서 있어 일곱 나팔을 받았더라

3 또 다른 천사가 와서 제단 곁에 서서
금 향로를 가지고 많은 향을 받았으니
이는 모든 성도의 기도와 합하여 보좌
앞 금 제단에 드리고자 함이라

4 향연이 성도의 기도와 함께 천사의
손으로부터 하나님 앞으로 올라가는지
라

5 천사가 향로를 가지고 제단의 불을
담아다가 땅에 쏟으매 우레와 음성과 번
개와 지진이 나더라

나팔 소리

6 일곱 나팔을 가진 일곱 천사가 나팔
불기를 준비하더라

일곱째 봉인과 금 향로

나팔 소리

7 첫째 천사가 나팔을 부니 피 섞인 우
박과 불이 나와서 땅에 쏟아지매 땅의
삼분의 일이 타 버리고 수목의 삼분의
일도 타 버리고 각종 푸른 풀도 타 버렸
더라

8 둘째 천사가 나팔을 부니 불 붙는 큰
산과 같은 것이 바다에 던져지매 바다의
삼분의 일이 피가 되고

9 바다 가운데 생명 가진 피조물들의
삼분의 일이 죽고 배들의 삼분의 일이
깨지더라

10 셋째 천사가 나팔을 부니 횃불 같이
타는 큰 별이 하늘에서 떨어져 강들의
삼분의 일과 여러 물샘에 떨어지니

11 이 별 이름은 쓴 쑥이라 물의 삼분의
일이 쓴 쑥이 되매 그 물이 쓴 물이 되므
로 많은 사람이 죽더라

12 넷째 천사가 나팔을 부니 해 삼분의
일과 달 삼분의 일과 별들의 삼분의 일
이 타격을 받아 그 삼분의 일이 어두워
지니 낮 삼분의 일은 비추임이 없고 밤
도 그러하더라

13 내가 또 보고 들으니 공중에 날아가
는 독수리가 큰 소리로 이르되 땅에 사
는 자들에게 화, 화, 화가 있으리니 이는
세 천사들이 불어야 할 나팔 소리가 남
아 있음이로다 하더라

9 다섯째 천사가 나팔을 불매 내가 보
니 하늘에서 땅에 떨어진 별 하나가
있는데 그가 무저갱의 열쇠를 받았더라

2 그가 무저갱을 여니 그 구멍에서 큰
화덕의 연기 같은 연기가 올라오매 해와
공기가 그 구멍의 연기로 말미암아 어두
워지며

3 또 황충이 연기 가운데로부터 땅 위
에 나오매 그들이 땅에 있는 전갈의 권
세와 같은 권세를 받았더라

4 그들에게 이르시되 땅의 풀이나 푸
른 것이나 각종 수목은 해하지 말고 오
직 이마에 하나님의 인침을 받지 아니한
사람들만 해하라 하시더라

5 그러나 그들을 죽이지는 못하게 하
시고 다섯 달 동안 괴롭게만 하게 하시
는데 그 괴롭게 함은 전갈이 사람을 쏠
때에 괴롭게 함과 같더라

6 그 날에는 사람들이 죽기를 구하여
도 죽지 못하고 죽고 싶으나 죽음이 그
들을 피하리로다

7 황충들의 모양은 전쟁을 위하여 준
비한 말들 같고 그 머리에 금 같은 관 비
슷한 것을 썼으며 그 얼굴은 사람의 얼
굴 같고

8 또 여자의 머리털 같은 머리털이 있
고 그 이빨은 사자의 이빨 같으며

9 또 철 호심경 같은 호심경이 있고 그
날개들의 소리는 병거와 많은 말들이 전
쟁터로 달려 들어가는 소리 같으며

10 또 전갈과 같은 꼬리와 쏘는 살이 있
어 그 꼬리에는 다섯 달 동안 사람들을
해하는 권세가 있더라

11 그들에게 왕이 있으니 무저갱의 사
자라 히브리어로는 그 이름이 아바돈이
요 헬라어로는 그 이름이 아볼루온이더
라

12 첫째 화는 지나갔으나 보라 아직도
이 후에 화 둘이 이르리로다

13 여섯째 천사가 나팔을 불매 내가 들
으니 하나님 앞 금 제단 네 뿔에서 한 음
성이 나서

14 나팔 가진 여섯째 천사에게 말하기
를 큰 강 유브라데에 결박한 네 천사를
놓아 주라 하매

15 네 천사가 놓였으니 그들은 그 년 월
일 시에 이르러 사람 삼분의 일을 죽이
기로 준비된 자들이더라

16 마병대의 수는 이만 만이니 내가 그
들의 수를 들었노라

17 이같은 환상 가운데 그 말들과 그 위
에 탄 자들을 보니 불빛과 자줏빛과 유
황빛 호심경이 있고 또 말들의 머리는
사자 머리 같고 그 입에서는 불과 연기
와 유황이 나오더라

18 이 세 재앙 곧 자기들의 입에서 나오
는 불과 연기와 유황으로 말미암아 사람
삼분의 일이 죽임을 당하니라

19 이 말들의 힘은 입과 꼬리에 있으니
꼬리는 뱀 같고 또 꼬리에 머리가 있어
이것으로 해하더라

20 이 재앙에 죽지 않고 남은 사람들은
손으로 행한 일을 회개하지 아니하고 오
히려 여러 귀신과 또는 보거나 듣거나
다니거나 하지 못하는 금, 은, 동과 목석
의 우상에게 절하고

21 또 그 살인과 복술과 음행과 도둑질
을 회개하지 아니하더라

천사와 작은 책

10 내가 또 보니 힘 센 다른 천사가
구름을 입고 하늘에서 내려오는
데 그 머리 위에 무지개가 있고 그 얼굴은
해 같고 그 발은 불기둥 같으며

2 그 손에는 펴 놓인 작은 두루마리를
들고 그 오른 발은 바다를 밟고 왼 발은
땅을 밟고

3 사자가 부르짖는 것 같이 큰 소리로
외치니 그가 외칠 때에 일곱 우레가 그
소리를 내어 말하더라

4 일곱 우레가 말을 할 때에 내가 기록
하려고 하다가 곧 들으니 하늘에서 소리
가 나서 말하기를 일곱 우레가 말한 것
을 인봉하고 기록하지 말라 하더라

5 내가 본 바 바다와 땅을 밟고 서 있는
천사가 하늘을 향하여 오른손을 들고

천사와 작은 책

6 세세토록 살아 계신 이 곧 하늘과 그
가운데에 있는 물건이며 땅과 그 가운데
에 있는 물건이며 바다와 그 가운데에
있는 물건을 창조하신 이를 가리켜 맹세
하여 이르되 지체하지 아니하리니

7 일곱째 천사가 소리 내는 날 그의 나
팔을 불려고 할 때에 하나님이 그의 종
선지자들에게 전하신 복음과 같이 하나
님의 그 비밀이 이루어지리라 하더라

8 하늘에서 나서 내게 들리던 음성이
또 내게 말하여 이르되 네가 가서 바다
와 땅을 밟고 서 있는 천사의 손에 펴 놓
인 두루마리를 가지라 하기로

9 내가 천사에게 나아가 작은 두루마
리를 달라 한즉 천사가 이르되 갖다 먹
어 버리라 네 배에는 쓰나 네 입에는 꿀
같이 달리라 하거늘

10 내가 천사의 손에서 작은 두루마리
를 갖다 먹어 버리니 내 입에는 꿀 같이
다나 먹은 후에 내 배에서는 쓰게 되더
라

11 그가 내게 말하기를 네가 많은 백성
과 나라와 방언과 임금에게 다시 예언하
여야 하리라 하더라

두 증인

11 또 내게 지팡이 같은 갈대를 주며
말하기를 일어나서 하나님의 성전
과 제단과 그 안에서 경배하는 자들을
측량하되

2 성전 바깥 마당은 측량하지 말고 그
냥 두라 이것은 이방인에게 주었은즉 그
들이 거룩한 성을 마흔두 달 동안 짓밟
으리라

3 내가 나의 두 증인에게 권세를 주리
니 그들이 굵은 베옷을 입고 천이백육십
일을 예언하리라

4 그들은 이 땅의 주 앞에 서 있는 두
감람나무와 두 촛대니

두 증인

5 만일 누구든지 그들을 해하고자 하
면 그들의 입에서 불이 나와서 그들의
원수를 삼켜 버릴 것이요 누구든지 그들
을 해하고자 하면 반드시 그와 같이 죽
임을 당하리라

6 그들이 권능을 가지고 하늘을 닫아
그 예언을 하는 날 동안 비가 오지 못하
게 하고 또 권능을 가지고 물을 피로 변
하게 하고 아무 때든지 원하는 대로 여
러 가지 재앙으로 땅을 치리로다

7 그들이 그 증언을 마칠 때에 무저갱
으로부터 올라오는 짐승이 그들과 더불
어 전쟁을 일으켜 그들을 이기고 그들을
죽일 터인즉

8 그들의 시체가 큰 성 길에 있으리니
그 성은 영적으로 하면 소돔이라고도 하
고 애굽이라고도 하니 곧 그들의 주께서
십자가에 못 박히신 곳이라

9 백성들과 족속과 방언과 나라 중에
서 사람들이 그 시체를 사흘 반 동안을
보며 무덤에 장사하지 못하게 하리로다

10 이 두 선지자가 땅에 사는 자들을 괴
롭게 한 고로 땅에 사는 자들이 그들의
죽음을 즐거워하고 기뻐하여 서로 예물
을 보내리라 하더라

11 삼 일 반 후에 하나님께로부터 생기
가 그들 속에 들어가매 그들이 발로 일
어서니 구경하는 자들이 크게 두려워하
더라

12 하늘로부터 큰 음성이 있어 이리로
올라오라 함을 그들이 듣고 구름을 타고
하늘로 올라가니 그들의 원수들도 구경
하더라

13 그 때에 큰 지진이 나서 성 십분의 일
이 무너지고 지진에 죽은 사람이 칠천이
라 그 남은 자들이 두려워하여 영광을
하늘의 하나님께 돌리더라

14 둘째 화는 지나갔으나 보라 셋째 화
가 속히 이르는도다

일곱째 나팔 소리

15 일곱째 천사가 나팔을 불매 하늘에
큰 음성들이 나서 이르되 세상 나라가
우리 주와 그의 그리스도의 나라가 되어
그가 세세토록 왕 노릇 하시리로다 하니

16 하나님 앞에서 자기 보좌에 앉아 있
던 이십사 장로가 엎드려 얼굴을 땅에
대고 하나님께 경배하여

17 이르되 감사하옵나니 옛적에도 계셨
고 지금도 계신 주 하나님 곧 전능하신
이여 친히 큰 권능을 잡으시고 왕 노릇
하시도다

18 이방들이 분노하매 주의 진노가 내
려 죽은 자를 심판하시며 종 선지자들과
성도들과 또 작은 자든지 큰 자든지 주
의 이름을 경외하는 자들에게 상 주시며
또 땅을 망하게 하는 자들을 멸망시키실
때로소이다 하더라

19 이에 하늘에 있는 하나님의 성전이
열리니 성전 안에 하나님의 언약궤가 보
이며 또 번개와 음성들과 우레와 지진과
큰 우박이 있더라

여자와 용

12 하늘에 큰 이적이 보이니 해를 옷
입은 한 여자가 있는데 그 발 아
래에는 달이 있고 그 머리에는 열두 별
의 관을 썼더라

2 이 여자가 아이를 배어 해산하게 되
매 아파서 애를 쓰며 부르짖더라

3 하늘에 또 다른 이적이 보이니 보라
한 큰 붉은 용이 있어 머리가 일곱이요
뿔이 열이라 그 여러 머리에 일곱 왕관
이 있는데

4 그 꼬리가 하늘의 별 삼분의 일을 끌
어다가 땅에 던지더라 용이 해산하려는
여자 앞에서 그가 해산하면 그 아이를
삼키고자 하더니

일곱째 나팔 소리

여자와 용

5 여자가 아들을 낳으니 이는 장차 철
장으로 만국을 다스릴 남자라 그 아이를
하나님 앞과 그 보좌 앞으로 올려가더라

6 그 여자가 광야로 도망하매 거기서
천이백육십 일 동안 그를 양육하기 위하
여 하나님께서 예비하신 곳이 있더라

7 하늘에 전쟁이 있으니 미가엘과 그
의 사자들이 용과 더불어 싸울새 용과
그의 사자들도 싸우나

8 이기지 못하여 다시 하늘에서 그들
이 있을 곳을 얻지 못한지라

9 큰 용이 내쫓기니 옛 뱀 곧 마귀라고도
하고 사탄이라고도 하며 온 천하를 꾀는
자라 그가 땅으로 내쫓기니 그의 사자들도
그와 함께 내쫓기니라

10 내가 또 들으니 하늘에 큰 음성이 있
어 이르되 이제 우리 하나님의 구원과
능력과 나라와 또 그의 그리스도의 권세
가 나타났으니 우리 형제들을 참소하던
자 곧 우리 하나님 앞에서 밤낮 참소하
던 자가 쫓겨났고

11 또 우리 형제들이 어린 양의 피와 자
기들이 증언하는 말씀으로써 그를 이겼
으니 그들은 죽기까지 자기들의 생명을
아끼지 아니하였도다

12 그러므로 하늘과 그 가운데에 거하
는 자들은 즐거워하라 그러나 땅과 바다
는 화 있을진저 이는 마귀가 자기의 때
가 얼마 남지 않은 줄을 알므로 크게 분
내어 너희에게 내려갔음이라 하더라

13 용이 자기가 땅으로 내쫓긴 것을 보
고 남자를 낳은 여자를 박해하는지라

14 그 여자가 큰 독수리의 두 날개를 받
아 광야 자기 곳으로 날아가 거기서 그
뱀의 낯을 피하여 한 때와 두 때와 반 때
를 양육 받으매

15 여자의 뒤에서 뱀이 그 입으로 물을
강 같이 토하여 여자를 물에 떠내려 가
게 하려 하되

16 땅이 여자를 도와 그 입을 벌려 용의 입에서 토한 강물을 삼키니

17 용이 여자에게 분노하여 돌아가서 그 여자의 남은 자손 곧 하나님의 계명을 지키며 예수의 증거를 가진 자들과 더불어 싸우려고 바다 모래 위에 서 있더라

짐승 두 마리

짐승 두 마리

13 내가 보니 바다에서 한 짐승이 나오는데 뿔이 열이요 머리가 일곱이라 그 뿔에는 열 왕관이 있고 그 머리들에는 신성모독 하는 이름들이 있더라

2 내가 본 짐승은 표범과 비슷하고 그 발은 곰의 발 같고 그 입은 사자의 입 같은데 용이 자기의 능력과 보좌와 큰 권세를 그에게 주었더라

3 그의 머리 하나가 상하여 죽게 된 것 같더니 그 죽게 되었던 상처가 나으매 온 땅이 놀랍게 여겨 짐승을 따르고

4 용이 짐승에게 권세를 주므로 용에게 경배하며 짐승에게 경배하여 이르되 누가 이 짐승과 같으냐 누가 능히 이와 더불어 싸우리요 하더라

5 또 짐승이 과장되고 신성모독을 말하는 입을 받고 또 마흔두 달 동안 일할 권세를 받으니라

6 짐승이 입을 벌려 하나님을 향하여 비방하되 그의 이름과 그의 장막 곧 하늘에 사는 자들을 비방하더라

7 또 권세를 받아 성도들과 싸워 이기게 되고 각 족속과 백성과 방언과 나라를 다스리는 권세를 받으니

8 죽임을 당한 어린 양의 생명책에 창세 이후로 이름이 기록되지 못하고 이 땅에 사는 자들은 다 그 짐승에게 경배하리라

9 누구든지 귀가 있거든 들을지어다

10 사로잡힐 자는 사로잡혀 갈 것이요 칼
에 죽을 자는 마땅히 칼에 죽을 것이니
성도들의 인내와 믿음이 여기 있느니라

11 내가 보매 또 다른 짐승이 땅에서 올
라오니 어린 양 같이 두 뿔이 있고 용처
럼 말을 하더라

12 그가 먼저 나온 짐승의 모든 권세를
그 앞에서 행하고 땅과 땅에 사는 자들을
처음 짐승에게 경배하게 하니 곧 죽게 되
었던 상처가 나은 자니라

13 큰 이적을 행하되 심지어 사람들 앞
에서 불이 하늘로부터 땅에 내려오게 하
고

14 짐승 앞에서 받은 바 이적을 행함으
로 땅에 거하는 자들을 미혹하며 땅에
거하는 자들에게 이르기를 칼에 상하였
다가 살아난 짐승을 위하여 우상을 만들
라 하더라

15 그가 권세를 받아 그 짐승의 우상에게
생기를 주어 그 짐승의 우상으로 말하게
하고 또 짐승의 우상에게 경배하지 아니
하는 자는 몇이든지 다 죽이게 하더라

16 그가 모든 자 곧 작은 자나 큰 자나
부자나 가난한 자나 자유인이나 종들에
게 그 오른손에나 이마에 표를 받게 하
고

17 누구든지 이 표를 가진 자 외에는 매
매를 못하게 하니 이 표는 곧 짐승의 이
름이나 그 이름의 수라

18 지혜가 여기 있으니 총명한 자는 그
짐승의 수를 세어 보라 그것은 사람의
수니 그의 수는 육백육십육이니라

십사만 사천 명이 부르는 노래

14 또 내가 보니 보라 어린 양이 시온
산에 섰고 그와 함께 십사만 사천
이 서 있는데 그들의 이마에는 어린 양
의 이름과 그 아버지의 이름을 쓴 것이
있더라

십사만 사천 명이 부르는 노래

2 내가 하늘에서 나는 소리를 들으니
많은 물 소리와도 같고 큰 우렛소리와도
같은데 내가 들은 소리는 거문고 타는
자들이 그 거문고를 타는 것 같더라

3 그들이 보좌 앞과 네 생물과 장로들
앞에서 새 노래를 부르니 땅에서 속량함
을 받은 십사만 사천 밖에는 능히 이 노
래를 배울 자가 없더라

4 이 사람들은 여자와 더불어 더럽히
지 아니하고 순결한 자라 어린 양이 어
디로 인도하든지 따라가는 자며 사람 가
운데에서 속량함을 받아 처음 익은 열매
로 하나님과 어린 양에게 속한 자들이니

5 그 입에 거짓말이 없고 흠이 없는 자
들이더라

세 천사가 전하는 말

6 또 보니 다른 천사가 공중에 날아가
는데 땅에 거주하는 자들 곧 모든 민족
과 종족과 방언과 백성에게 전할 영원한
복음을 가졌더라

7 그가 큰 음성으로 이르되 하나님을
두려워하며 그에게 영광을 돌리라 이는
그의 심판의 시간이 이르렀음이니 하늘
과 땅과 바다와 물들의 근원을 만드신
이를 경배하라 하더라

8 또 다른 천사 곧 둘째가 그 뒤를 따라
말하되 무너졌도다 무너졌도다 큰 성 바
벨론이여 모든 나라에게 그의 음행으로
말미암아 진노의 포도주를 먹이던 자로
다 하더라

9 또 다른 천사 곧 셋째가 그 뒤를 따라
큰 음성으로 이르되 만일 누구든지 짐승
과 그의 우상에게 경배하고 이마에나 손
에 표를 받으면

10 그도 하나님의 진노의 포도주를 마시
리니 그 진노의 잔에 섞인 것이 없이 부
은 포도주라 거룩한 천사들 앞과 어린 양
앞에서 불과 유황으로 고난을 받으리니

세 천사가 전하는 말

11 그 고난의 연기가 세세토록 올라가
리로다 짐승과 그의 우상에게 경배하고
그의 이름 표를 받는 자는 누구든지 밤
낮 쉼을 얻지 못하리라 하더라

12 성도들의 인내가 여기 있나니 그들
은 하나님의 계명과 예수에 대한 믿음을
지키는 자니라

13 또 내가 들으니 하늘에서 음성이 나
서 이르되 기록하라 지금 이후로 주 안
에서 죽는 자들은 복이 있도다 하시매
성령이 이르시되 그러하다 그들이 수고
를 그치고 쉬리니 이는 그들의 행한 일
이 따름이라 하시더라

마지막 수확

14 또 내가 보니 흰 구름이 있고 구름 위
에 인자와 같은 이가 앉으셨는데 그 머
리에는 금 면류관이 있고 그 손에는 예
리한 낫을 가졌더라

15 또 다른 천사가 성전으로부터 나와
구름 위에 앉은 이를 향하여 큰 음성으
로 외쳐 이르되 당신의 낫을 휘둘러 거
두소서 땅의 곡식이 다 익어 거둘 때가
이르렀음이니이다 하니

16 구름 위에 앉으신 이가 낫을 땅에 휘
두르매 땅의 곡식이 거두어지니라

마지막 재난을 가지고 온 천사

17 또 다른 천사가 하늘에 있는 성전에
서 나오는데 역시 예리한 낫을 가졌더라

18 또 불을 다스리는 다른 천사가 제단
으로부터 나와 예리한 낫 가진 자를 향
하여 큰 음성으로 불러 이르되 네 예리
한 낫을 휘둘러 땅의 포도송이를 거두라
그 포도가 익었느니라 하더라

19 천사가 낫을 땅에 휘둘러 땅의 포도
를 거두어 하나님의 진노의 큰 포도주
틀에 던지매

마지막 수확

마지막 재난을 가지고 온 천사

20 성 밖에서 그 틀이 밟히니 틀에서 피
가 나서 말 굴레에까지 닿았고 천육백
스다디온에 퍼졌더라

15 또 하늘에 크고 이상한 다른 이적
을 보매 일곱 천사가 일곱 재앙을
가졌으니 곧 마지막 재앙이라 하나님의
진노가 이것으로 마치리로다

2 또 내가 보니 불이 섞인 유리 바다 같
은 것이 있고 짐승과 그의 우상과 그의
이름의 수를 이기고 벗어난 자들이 유리
바다 가에 서서 하나님의 거문고를 가지
고

3 하나님의 종 모세의 노래, 어린 양의
노래를 불러 이르되 주 하나님 곧 전능
하신 이시여 하시는 일이 크고 놀라우시
도다 만국의 왕이시여 주의 길이 의롭고
참되시도다

4 주여 누가 주의 이름을 두려워하지 아
니하며 영화롭게 하지 아니하오리이까
오직 주만 거룩하시니이다 주의 의로우
신 일이 나타났으매 만국이 와서 주께 경
배하리이다 하더라

5 또 이 일 후에 내가 보니 하늘에 증거
장막의 성전이 열리며

6 일곱 재앙을 가진 일곱 천사가 성전
으로부터 나와 맑고 빛난 세마포 옷을
입고 가슴에 금 띠를 띠고

7 네 생물 중의 하나가 영원토록 살아
계신 하나님의 진노를 가득히 담은 금
대접 일곱을 그 일곱 천사들에게 주니

8 하나님의 영광과 능력으로 말미암아
성전에 연기가 가득 차매 일곱 천사의
일곱 재앙이 마치기까지는 성전에 능히
들어갈 자가 없더라

진노의 일곱 대접

16 또 내가 들으니 성전에서 큰 음성
이 나서 일곱 천사에게 말하되 너
희는 가서 하나님의 진노의 일곱 대접을
땅에 쏟으라 하더라

진노의 일곱 대접

2 첫째 천사가 가서 그 대접을 땅에 쏟
으매 짐승의 표를 받은 사람들과 그 우
상에게 경배하는 자들에게 악하고 독한
종기가 나더라

3 둘째 천사가 그 대접을 바다에 쏟으매
바다가 곧 죽은 자의 피 같이 되니 바다
가운데 모든 생물이 죽더라

4 셋째 천사가 그 대접을 강과 물 근원
에 쏟으매 피가 되더라

5 내가 들으니 물을 차지한 천사가 이르
되 전에도 계셨고 지금도 계신 거룩하신
이여 이렇게 심판하시니 의로우시도다

6 그들이 성도들과 선지자들의 피를
흘렸으므로 그들에게 피를 마시게 하신
것이 합당하니이다 하더라

7 또 내가 들으니 제단이 말하기를 그
러하다 주 하나님 곧 전능하신 이시여
심판하시는 것이 참되시고 의로우시도
다 하더라

8 넷째 천사가 그 대접을 해에 쏟으매
해가 권세를 받아 불로 사람들을 태우니

9 사람들이 크게 태움에 태워진지라
이 재앙들을 행하는 권세를 가지신 하나
님의 이름을 비방하며 또 회개하지 아니
하고 주께 영광을 돌리지 아니하더라

10 또 다섯째 천사가 그 대접을 짐승의
왕좌에 쏟으니 그 나라가 곧 어두워지며
사람들이 아파서 자기 혀를 깨물고

11 아픈 것과 종기로 말미암아 하늘의
하나님을 비방하고 그들의 행위를 회개
하지 아니하더라

12 또 여섯째 천사가 그 대접을 큰 강 유
브라데에 쏟으매 강물이 말라서 동방에
서 오는 왕들의 길이 예비되었더라

13 또 내가 보매 개구리 같은 세 더러운
영이 용의 입과 짐승의 입과 거짓 선지
자의 입에서 나오니

14 그들은 귀신의 영이라 이적을 행하
여 온 천하 왕들에게 가서 하나님 곧 전
능하신 이의 큰 날에 있을 전쟁을 위하
여 그들을 모으더라

15 보라 내가 도둑 같이 오리니 누구든지
깨어 자기 옷을 지켜 벌거벗고 다니지 아
니하며 자기의 부끄러움을 보이지 아니
하는 자는 복이 있도다

16 세 영이 히브리어로 아마겟돈이라
하는 곳으로 왕들을 모으더라

17 일곱째 천사가 그 대접을 공중에 쏟
으매 큰 음성이 성전에서 보좌로부터 나
서 이르되 되었다 하시니

18 번개와 음성들과 우렛소리가 있고
또 큰 지진이 있어 얼마나 큰지 사람이
땅에 있어 온 이래로 이같이 큰 지진이
없었더라

19 큰 성이 세 갈래로 갈라지고 만국의
성들도 무너지니 큰 성 바벨론이 하나님
앞에 기억하신 바 되어 그의 맹렬한 진
노의 포도주 잔을 받으매

20 각 섬도 없어지고 산악도 간 데 없더라

21 또 무게가 한 달란트나 되는 큰 우박
이 하늘로부터 사람들에게 내리매 사람
들이 그 우박의 재앙 때문에 하나님을
비방하니 그 재앙이 심히 큼이러라

큰 음녀에게 내릴 심판

17 또 일곱 대접을 가진 일곱 천사 중
하나가 와서 내게 말하여 이르되 이
리로 오라 많은 물 위에 앉은 큰 음녀가 받
을 심판을 네게 보이리라

2 땅의 임금들도 그와 더불어 음행하
였고 땅에 사는 자들도 그 음행의 포도
주에 취하였다 하고

3 곧 성령으로 나를 데리고 광야로 가
니라 내가 보니 여자가 붉은 빛 짐승을
탔는데 그 짐승의 몸에 하나님을 모독하
는 이름들이 가득하고 일곱 머리와 열
뿔이 있으며

큰 음녀에게 내릴 심판

4 그 여자는 자주 빛과 붉은 빛 옷을 입
고 금과 보석과 진주로 꾸미고 손에 금
잔을 가졌는데 가증한 물건과 그의 음행
의 더러운 것들이 가득하더라

5 그의 이마에 이름이 기록되었으니 비
밀이라, 큰 바벨론이라, 땅의 음녀들과 가
증한 것들의 어미라 하였더라

6 또 내가 보매 이 여자가 성도들의 피
와 예수의 증인들의 피에 취한지라 내가
그 여자를 보고 놀랍게 여기고 크게 놀
랍게 여기니

7 천사가 이르되 왜 놀랍게 여기느냐 내
가 여자와 그가 탄 일곱 머리와 열 뿔 가진
짐승의 비밀을 네게 이르리라

8 네가 본 짐승은 전에 있었다가 지금
은 없으나 장차 무저갱으로부터 올라와
멸망으로 들어갈 자니 땅에 사는 자들로
서 창세 이후로 그 이름이 생명책에 기
록되지 못한 자들이 이전에 있었다가 지
금은 없으나 장차 나올 짐승을 보고 놀
랍게 여기리라

9 지혜 있는 뜻이 여기 있으니 그 일곱
머리는 여자가 앉은 일곱 산이요

10 또 일곱 왕이라 다섯은 망하였고 하
나는 있고 다른 하나는 아직 이르지 아
니하였으나 이르면 반드시 잠시 동안 머
무르리라

11 전에 있었다가 지금 없어진 짐승은
여덟째 왕이니 일곱 중에 속한 자라 그
가 멸망으로 들어가리라

12 네가 보던 열 뿔은 열 왕이니 아직 나
라를 얻지 못하였으나 다만 짐승과 더불
어 임금처럼 한동안 권세를 받으리라

13 그들이 한 뜻을 가지고 자기의 능력
과 권세를 짐승에게 주더라

14 그들이 어린 양과 더불어 싸우려니
와 어린 양은 만주의 주시요 만왕의 왕
이시므로 그들을 이기실 터이요 또 그와
함께 있는 자들 곧 부르심을 받고 택하
심을 받은 진실한 자들도 이기리로다

15 또 천사가 내게 말하되 네가 본 바 음
녀가 앉아 있는 물은 백성과 무리와 열
국과 방언들이니라

16 네가 본 바 이 열 뿔과 짐승은 음녀를
미워하여 망하게 하고 벌거벗게 하고 그
의 살을 먹고 불로 아주 사르리라

17 이는 하나님이 자기 뜻대로 할 마음
을 그들에게 주사 한 뜻을 이루게 하시
고 그들의 나라를 그 짐승에게 주게 하
시되 하나님의 말씀이 응하기까지 하심
이라

18 또 네가 본 그 여자는 땅의 왕들을 다
스리는 큰 성이라 하더라

바벨론의 패망

바벨론의 패망

18 이 일 후에 다른 천사가 하늘에서
내려 오는 것을 보니 큰 권세를 가
졌는데 그의 영광으로 땅이 환하여지더
라

2 힘찬 음성으로 외쳐 이르되 무너졌
도다 무너졌도다 큰 성 바벨론이여 귀신
의 처소와 각종 더러운 영이 모이는 곳
과 각종 더럽고 가증한 새들이 모이는
곳이 되었도다

3 그 음행의 진노의 포도주로 말미암
아 만국이 무너졌으며 또 땅의 왕들이
그와 더불어 음행하였으며 땅의 상인들
도 그 사치의 세력으로 치부하였도다 하
더라

4 또 내가 들으니 하늘로부터 다른 음
성이 나서 이르되 내 백성아, 거기서 나
와 그의 죄에 참여하지 말고 그가 받을
재앙들을 받지 말라

5 그의 죄는 하늘에 사무쳤으며 하나
님은 그의 불의한 일을 기억하신지라

6 그가 준 그대로 그에게 주고 그의 행
위대로 갑절을 갚아 주고 그가 섞은 잔
에도 갑절이나 섞어 그에게 주라

7 그가 얼마나 자기를 영화롭게 하였으
며 사치하였든지 그만큼 고통과 애통함
으로 갚아 주라 그가 마음에 말하기를 나
는 여왕으로 앉은 자요 과부가 아니라 결
단코 애통함을 당하지 아니하리라 하니

8 그러므로 하루 동안에 그 재앙들이
이르리니 곧 사망과 애통함과 흉년이라
그가 또한 불에 살라지리니 그를 심판하
시는 주 하나님은 강하신 자이심이라

9 그와 함께 음행하고 사치하던 땅의
왕들이 그가 불타는 연기를 보고 위하여
울고 가슴을 치며

10 그의 고통을 무서워하여 멀리 서서
이르되 화 있도다 화 있도다 큰 성, 견고
한 성 바벨론이여 한 시간에 네 심판이
이르렀다 하리로다

11 땅의 상인들이 그를 위하여 울고 애
통하는 것은 다시 그들의 상품을 사는
자가 없음이라

12 그 상품은 금과 은과 보석과 진주와
세마포와 자주 옷감과 비단과 붉은 옷감
이요 각종 향목과 각종 상아 그릇이요
값진 나무와 구리와 철과 대리석으로 만
든 각종 그릇이요

13 계피와 향료와 향과 향유와 유향과
포도주와 감람유와 고운 밀가루와 밀이
요 소와 양과 말과 수레와 종들과 사람
의 영혼들이라

14 바벨론아 네 영혼이 탐하던 과일이 네
게서 떠났으며 맛있는 것들과 빛난 것들
이 다 없어졌으니 사람들이 결코 이것들
을 다시 보지 못하리로다

15 바벨론으로 말미암아 치부한 이 상
품의 상인들이 그의 고통을 무서워하여
멀리 서서 울고 애통하여

16 이르되 화 있도다 화 있도다 큰 성이
여 세마포 옷과 자주 옷과 붉은 옷을 입
고 금과 보석과 진주로 꾸민 것인데

17 그러한 부가 한 시간에 망하였도다 모
든 선장과 각처를 다니는 선객들과 선원
들과 바다에서 일하는 자들이 멀리 서서

18 그가 불타는 연기를 보고 외쳐 이르
되 이 큰 성과 같은 성이 어디 있느냐 하
며

19 티끌을 자기 머리에 뿌리고 울며 애
통하여 외쳐 이르되 화 있도다 화 있도
다 이 큰 성이여 바다에서 배 부리는 모
든 자들이 너의 보배로운 상품으로 치부
하였더니 한 시간에 망하였도다

20 하늘과 성도들과 사도들과 선지자들
아, 그로 말미암아 즐거워하라 하나님이
너희를 위하여 그에게 심판을 행하셨음
이라 하더라

21 이에 한 힘 센 천사가 큰 맷돌 같은 돌
을 들어 바다에 던져 이르되 큰 성 바벨론
이 이같이 비참하게 던져져 결코 다시 보
이지 아니하리로다

22 또 거문고 타는 자와 풍류하는 자와
퉁소 부는 자와 나팔 부는 자들의 소리
가 결코 다시 네 안에서 들리지 아니하
고 어떠한 세공업자든지 결코 다시 네
안에서 보이지 아니하고 또 맷돌 소리가
결코 다시 네 안에서 들리지 아니하고

23 등불 빛이 결코 다시 네 안에서 비치
지 아니하고 신랑과 신부의 음성이 결코
다시 네 안에서 들리지 아니하리로다 너
의 상인들은 땅의 왕족들이라 네 복술로
말미암아 만국이 미혹되었도다

24 선지자들과 성도들과 및 땅 위에서
죽임을 당한 모든 자의 피가 그 성 중에
서 발견되었느니라 하더라

어린 양의 혼인 잔치

19 이 일 후에 내가 들으니 하늘에 허
다한 무리의 큰 음성 같은 것이 있
어 이르되 할렐루야 구원과 영광과 능력
이 우리 하나님께 있도다

어린 양의 혼인 잔치

2 그의 심판은 참되고 의로운지라 음
행으로 땅을 더럽게 한 큰 음녀를 심판
하사 자기 종들의 피를 그 음녀의 손에
갚으셨도다 하고

3 두 번째로 할렐루야 하니 그 연기가
세세토록 올라가더라

4 또 이십사 장로와 네 생물이 엎드려
보좌에 앉으신 하나님께 경배하여 이르
되 아멘 할렐루야 하니

5 보좌에서 음성이 나서 이르시되 하
나님의 종들 곧 그를 경외하는 너희들아
작은 자나 큰 자나 다 우리 하나님께 찬
송하라 하더라

6 또 내가 들으니 허다한 무리의 음성
과도 같고 많은 물 소리와도 같고 큰 우
렛소리와도 같은 소리로 이르되 할렐루
야 주 우리 하나님 곧 전능하신 이가 통
치하시도다

7 우리가 즐거워하고 크게 기뻐하며
그에게 영광을 돌리세 어린 양의 혼인
기약이 이르렀고 그의 아내가 자신을 준
비하였으므로

8 그에게 빛나고 깨끗한 세마포 옷을 입
도록 허락하셨으니 이 세마포 옷은 성도
들의 옳은 행실이로다 하더라

9 천사가 내게 말하기를 기록하라 어
린 양의 혼인 잔치에 청함을 받은 자들
은 복이 있도다 하고 또 내게 말하되 이
것은 하나님의 참되신 말씀이라 하기로

10 내가 그 발 앞에 엎드려 경배하려 하
니 그가 나에게 말하기를 나는 너와 및
예수의 증언을 받은 네 형제들과 같이
된 종이니 삼가 그리하지 말고 오직 하
나님께 경배하라 예수의 증언은 예언의
영이라 하더라

백마를 탄 자

11 또 내가 하늘이 열린 것을 보니 보라
백마와 그것을 탄 자가 있으니 그 이름
은 충신과 진실이라 그가 공의로 심판하
며 싸우더라

백마를 탄 자

12 그 눈은 불꽃 같고 그 머리에는 많은
관들이 있고 또 이름 쓴 것 하나가 있으
니 자기밖에 아는 자가 없고

13 또 그가 피 뿌린 옷을 입었는데 그 이
름은 하나님의 말씀이라 칭하더라

14 하늘에 있는 군대들이 희고 깨끗한
세마포 옷을 입고 백마를 타고 그를 따
르더라

15 그의 입에서 예리한 검이 나오니 그
것으로 만국을 치겠고 친히 그들을 철장
으로 다스리며 또 친히 하나님 곧 전능
하신 이의 맹렬한 진노의 포도주 틀을
밟겠고

16 그 옷과 그 다리에 이름을 쓴 것이 있
으니 만왕의 왕이요 만주의 주라 하였더
라

17 또 내가 보니 한 천사가 태양 안에 서
서 공중에 나는 모든 새를 향하여 큰 음
성으로 외쳐 이르되 와서 하나님의 큰
잔치에 모여

18 왕들의 살과 장군들의 살과 장사들
의 살과 말들과 그것을 탄 자들의 살과
자유인들이나 종들이나 작은 자나 큰 자
나 모든 자의 살을 먹으라 하더라

19 또 내가 보매 그 짐승과 땅의 임금들
과 그들의 군대들이 모여 그 말 탄 자와
그의 군대와 더불어 전쟁을 일으키다가

20 짐승이 잡히고 그 앞에서 표적을 행
하던 거짓 선지자도 함께 잡혔으니 이는
짐승의 표를 받고 그의 우상에게 경배하
던 자들을 표적으로 미혹하던 자라 이
둘이 산 채로 유황불 붙는 못에 던져지
고

21 그 나머지는 말 탄 자의 입으로부터
나오는 검에 죽으매 모든 새가 그들의
살로 배불리더라

천 년 왕국

20 또 내가 보매 천사가 무저갱의
열쇠와 큰 쇠사슬을 그의 손에
가지고 하늘로부터 내려와서

2 용을 잡으니 곧 옛 뱀이요 마귀요 사
탄이라 잡아서 천 년 동안 결박하여

3 무저갱에 던져 넣어 잠그고 그 위에
인봉하여 천 년이 차도록 다시는 만국을
미혹하지 못하게 하였는데 그 후에는 반
드시 잠깐 놓이리라

4 또 내가 보좌들을 보니 거기에 앉은
자들이 있어 심판하는 권세를 받았더라
또 내가 보니 예수를 증언함과 하나님의
말씀 때문에 목 베임을 당한 자들의 영혼
들과 또 짐승과 그의 우상에게 경배하지
아니하고 그들의 이마와 손에 그의 표를
받지 아니한 자들이 살아서 그리스도와
더불어 천 년 동안 왕 노릇 하니

5 (그 나머지 죽은 자들은 그 천 년이
차기까지 살지 못하더라) 이는 첫째 부
활이라

6 이 첫째 부활에 참여하는 자들은 복
이 있고 거룩하도다 둘째 사망이 그들을
다스리는 권세가 없고 도리어 그들이 하
나님과 그리스도의 제사장이 되어 천 년
동안 그리스도와 더불어 왕 노릇 하리라

사탄의 패망

7 천 년이 차매 사탄이 그 옥에서 놓여

8 나와서 땅의 사방 백성 곧 곡과 마곡
을 미혹하고 모아 싸움을 붙이리니 그
수가 바다의 모래 같으리라

9 그들이 지면에 널리 퍼져 성도들의
진과 사랑하시는 성을 두르매 하늘에서
불이 내려와 그들을 태워버리고

10 또 그들을 미혹하는 마귀가 불과 유
황 못에 던져지니 거기는 그 짐승과 거
짓 선지자도 있어 세세토록 밤낮 괴로움
을 받으리라

천 년 왕국

사탄의 패망

크고 흰 보좌에서 심판을 내리시다

11 또 내가 크고 흰 보좌와 그 위에 앉으
신 이를 보니 땅과 하늘이 그 앞에서 피
하여 간 데 없더라

12 또 내가 보니 죽은 자들이 큰 자나 작
은 자나 그 보좌 앞에 서 있는데 책들이
펴 있고 또 다른 책이 펴졌으니 곧 생명
책이라 죽은 자들이 자기 행위를 따라
책들에 기록된 대로 심판을 받으니

13 바다가 그 가운데에서 죽은 자들을
내주고 또 사망과 음부도 그 가운데에서
죽은 자들을 내주매 각 사람이 자기의
행위대로 심판을 받고

14 사망과 음부도 불못에 던져지니 이
것은 둘째 사망 곧 불못이라

15 누구든지 생명책에 기록되지 못한
자는 불못에 던져지더라

새 하늘과 새 땅

21 또 내가 새 하늘과 새 땅을 보니
처음 하늘과 처음 땅이 없어졌고
바다도 다시 있지 않더라

2 또 내가 보매 거룩한 성 새 예루살렘
이 하나님께로부터 하늘에서 내려오니
그 준비한 것이 신부가 남편을 위하여
단장한 것 같더라

3 내가 들으니 보좌에서 큰 음성이 나
서 이르되 보라 하나님의 장막이 사람들
과 함께 있으매 하나님이 그들과 함께
계시리니 그들은 하나님의 백성이 되고
하나님은 친히 그들과 함께 계셔서

4 모든 눈물을 그 눈에서 닦아 주시니
다시는 사망이 없고 애통하는 것이나 곡
하는 것이나 아픈 것이 다시 있지 아니
하리니 처음 것들이 다 지나갔음이러라

5 보좌에 앉으신 이가 이르시되 보라
내가 만물을 새롭게 하노라 하시고 또
이르시되 이 말은 신실하고 참되니 기록
하라 하시고

크고 흰 보좌에서 심판을 내리시다

새 하늘과 새 땅

6 또 내게 말씀하시되 이루었도다 나
는 알파와 오메가요 처음과 마지막이라
내가 생명수 샘물을 목마른 자에게 값없
이 주리니

7 이기는 자는 이것들을 상속으로 받
으리라 나는 그의 하나님이 되고 그는
내 아들이 되리라

8 그러나 두려워하는 자들과 믿지 아
니하는 자들과 흉악한 자들과 살인자들
과 음행하는 자들과 점술가들과 우상 숭
배자들과 거짓말하는 모든 자들은 불과
유황으로 타는 못에 던져지리니 이것이
둘째 사망이라

새 예루살렘

9 일곱 대접을 가지고 마지막 일곱 재
앙을 담은 일곱 천사 중 하나가 나아와
서 내게 말하여 이르되 이리 오라 내가
신부 곧 어린 양의 아내를 네게 보이리
라 하고

10 성령으로 나를 데리고 크고 높은 산
으로 올라가 하나님께로부터 하늘에서
내려오는 거룩한 성 예루살렘을 보이니

11 하나님의 영광이 있어 그 성의 빛이
지극히 귀한 보석 같고 벽옥과 수정 같
이 맑더라

12 크고 높은 성곽이 있고 열두 문이 있
는데 문에 열두 천사가 있고 그 문들 위
에 이름을 썼으니 이스라엘 자손 열두
지파의 이름들이라

13 동쪽에 세 문, 북쪽에 세 문, 남쪽에
세 문, 서쪽에 세 문이니

14 그 성의 성곽에는 열두 기초석이 있
고 그 위에는 어린 양의 열두 사도의 열
두 이름이 있더라

15 내게 말하는 자가 그 성과 그 문들과
성곽을 측량하려고 금 갈대 자를 가졌더
라

새 예루살렘

16 그 성은 네모가 반듯하여 길이와 너
비가 같은지라 그 갈대 자로 그 성을 측
량하니 만 이천 스다디온이요 길이와 너
비와 높이가 같더라

17 그 성곽을 측량하매 백사십사 규빗
이니 사람의 측량 곧 천사의 측량이라

18 그 성곽은 벽옥으로 쌓였고 그 성은
정금인데 맑은 유리 같더라

19 그 성의 성곽의 기초석은 각색 보석
으로 꾸몄는데 첫째 기초석은 벽옥이요
둘째는 남보석이요 셋째는 옥수요 넷째
는 녹보석이요

20 다섯째는 홍마노요 여섯째는 홍보석
이요 일곱째는 황옥이요 여덟째는 녹옥
이요 아홉째는 담황옥이요 열째는 비취
옥이요 열한째는 청옥이요 열두째는 자
수정이라

21 그 열두 문은 열두 진주니 각 문마다
한 개의 진주로 되어 있고 성의 길은 맑
은 유리 같은 정금이더라

22 성 안에서 내가 성전을 보지 못하였
으니 이는 주 하나님 곧 전능하신 이와
및 어린 양이 그 성전이심이라

23 그 성은 해나 달의 비침이 쓸 데 없으
니 이는 하나님의 영광이 비치고 어린
양이 그 등불이 되심이라

24 만국이 그 빛 가운데로 다니고 땅의
왕들이 자기 영광을 가지고 그리로 들어
가리라

25 낮에 성문들을 도무지 닫지 아니하
리니 거기에는 밤이 없음이라

26 사람들이 만국의 영광과 존귀를 가
지고 그리로 들어가겠고

27 무엇이든지 속된 것이나 가증한 일
또는 거짓말하는 자는 결코 그리로 들어
가지 못하되 오직 어린 양의 생명책에
기록된 자들만 들어가리라

22 또 그가 수정 같이 맑은 생명수
의 강을 내게 보이니 하나님과
및 어린 양의 보좌로부터 나와서

2 길 가운데로 흐르더라 강 좌우에 생
명나무가 있어 열두 가지 열매를 맺되
달마다 그 열매를 맺고 그 나무 잎사귀
들은 만국을 치료하기 위하여 있더라

3 다시 저주가 없으며 하나님과 그 어
린 양의 보좌가 그 가운데에 있으리니
그의 종들이 그를 섬기며

4 그의 얼굴을 볼 터이요 그의 이름도
그들의 이마에 있으리라

5 다시 밤이 없겠고 등불과 햇빛이 쓸
데 없으니 이는 주 하나님이 그들에게
비치심이라 그들이 세세토록 왕 노릇 하
리로다

주 예수여 오시옵소서

6 또 그가 내게 말하기를 이 말은 신실
하고 참된지라 주 곧 선지자들의 영의
하나님이 그의 종들에게 반드시 속히 되
어질 일을 보이시려고 그의 천사를 보내
셨도다

7 보라 내가 속히 오리니 이 두루마리
의 예언의 말씀을 지키는 자는 복이 있
으리라 하더라

8 이것들을 보고 들은 자는 나 요한이니
내가 듣고 볼 때에 이 일을 내게 보이던 천
사의 발 앞에 경배하려고 엎드렸더니

9 그가 내게 말하기를 나는 너와 네 형
제 선지자들과 또 이 두루마리의 말을
지키는 자들과 함께 된 종이니 그리하지
말고 하나님께 경배하라 하더라

10 또 내게 말하되 이 두루마리의 예언
의 말씀을 인봉하지 말라 때가 가까우니
라

11 불의를 행하는 자는 그대로 불의를
행하고 더러운 자는 그대로 더럽고 의로
운 자는 그대로 의를 행하고 거룩한 자
는 그대로 거룩하게 하라

주 예수여 오시옵소서

12 보라 내가 속히 오리니 내가 줄 상이
내게 있어 각 사람에게 그가 행한 대로
갚아 주리라

13 나는 알파와 오메가요 처음과 마지
막이요 시작과 마침이라

14 자기 두루마기를 빠는 자들은 복이
있으니 이는 그들이 생명나무에 나아가
며 문들을 통하여 성에 들어갈 권세를
받으려 함이로다

15 개들과 점술가들과 음행하는 자들과
살인자들과 우상 숭배자들과 및 거짓말
을 좋아하며 지어내는 자는 다 성 밖에
있으리라

16 나 예수는 교회들을 위하여 내 사자
를 보내어 이것들을 너희에게 증언하게
하였노라 나는 다윗의 뿌리요 자손이니
곧 광명한 새벽 별이라 하시더라

17 성령과 신부가 말씀하시기를 오라
하시는도다 듣는 자도 오라 할 것이요
목마른 자도 올 것이요 또 원하는 자는
값없이 생명수를 받으라 하시더라

18 내가 이 두루마리의 예언의 말씀을
듣는 모든 사람에게 증언하노니 만일 누
구든지 이것들 외에 더하면 하나님이 이
두루마리에 기록된 재앙들을 그에게 더
하실 것이요

19 만일 누구든지 이 두루마리의 예언
의 말씀에서 제하여 버리면 하나님이 이
두루마리에 기록된 생명나무와 및 거룩
한 성에 참여함을 제하여 버리시리라

20 이것들을 증언하신 이가 이르시되
내가 진실로 속히 오리라 하시거늘 아멘
주 예수여 오시옵소서

21 주 예수의 은혜가 모든 자들에게 있
을지어다 아멘

NOTE

NOTE

남기고 싶은 글

주기도문 새번역

하늘에 계신 우리 아버지,
아버지의 이름을 거룩하게 하시며
아버지의 나라가 오게 하시며,
아버지의 뜻이 하늘에서와 같이 땅에서도 이루어지게 하소서.
오늘 우리에게 일용할 양식을 주시고,
우리가 우리에게 잘못한 사람을 용서하여 준 것같이
우리 죄를 용서하여 주시고,
우리를 시험에 빠지지 않게 하시고, 악에서 구하소서.
나라와 권능과 영광이 영원히 아버지의 것입니다.
아멘

새번역 사도신경

나는 전능하신 아버지 하나님, 천지의 창조주를 믿습니다.
나는 그의 유일하신 아들, 우리 주 예수 그리스도를 믿습니다.
그는 성령으로 잉태되어 동정녀 마리아에게서 나시고,
본디오 빌라도에게 고난을 받아 십자가에 못 박혀 죽으시고,
장사된 지 사흘 만에 죽은 자 가운데서 다시 살아나셨으며,
하늘에 오르시어 전능하신 아버지 하나님 우편에 앉아 계시다가,
거기로부터 살아 있는 자와 죽은 자를 심판하러 오십니다.
나는 성령을 믿으며, 거룩한 공교회와 성도의 교제와
죄를 용서받는 것과 몸의 부활과 영생을 믿습니다.
아멘.

십계명

제일은, 너는 나 외에는 다른 신들을 네게 두지 말라.

제이는, 너를 위하여 새긴 우상을 만들지 말고,
또 위로 하늘에 있는 것이나, 아래로 땅에 있는 것이나,
땅 아래 물 속에 있는 것의 어떤 형상도 만들지 말며,
그것들에게 절하지 말며, 그것들을 섬기지 말라.

제삼은, 너는 네 하나님 여호와의 이름을 망령되게 부르지 말라.

제사는, 안식일을 기억하여 거룩하게 지키라.

제오는, 네 부모를 공경하라.

제육은, 살인하지 말라.

제칠은, 간음하지 말라.

제팔은, 도둑질하지 말라.

제구는, 네 이웃에 대하여 거짓 증거하지 말라.

제십은, 네 이웃의 집을 탐내지 말라.

손글씨성경 [신약8_야고보서-요한계시록]

2021년 3월 15일 초판 1쇄 발행

펴 낸 이 김수곤
디 자 인 디자인이츠
발 행 처 MISSION TORCH
등 록 일 1999년 9월 21일 제 54호
등록주소 서울 송파구 백제고분로 27길 12(삼전동)
전　　화 (02)2203-2739
팩　　스 (02)2203-2738
이 메 일 ccm2you@gmail.com
홈페이지 www.ccm2u.com